贵州大学行政管理国家一流专业建设系列教材

如何写好毕业论文

主编 吴声凤
副主编 向生丽 孙 畅

RUHE XIE HAO BIYE LUNWEN

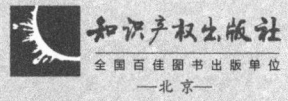

图书在版编目（CIP）数据

如何写好毕业论文/吴声凤主编；向生丽，孙畅副主编.—北京：知识产权出版社，2023.12

ISBN 978-7-5130-8987-6

Ⅰ.①如… Ⅱ.①吴…②向…③孙… Ⅲ.①毕业论文—写作 Ⅳ.① G642.477

中国国家版本馆 CIP 数据核字（2023）第 228117 号

内容提要

本教材以论文写作过程为主线，以案例分析为切入点，系统介绍毕业论文写作的思维方法、结构要素、写作规范与要求等。教材结合当前高等教育的需求，遵循结构化思维逻辑，对论文结构和写作规律进行深入剖析，让读者易于掌握，并可据此进行毕业论文写作。

本教材适用于高等院校课程教学、本科生和硕士研究生毕业论文（设计）的写作指导。

责任编辑：高 源　　　　　　　　责任印制：孙婷婷

如何写好毕业论文

吴声凤　主编　　向生丽　孙畅　副主编

出版发行：	知识产权出版社 有限责任公司	网　址：	http://www.ipph.cn
电　话：	010-82004826		http://www.laichushu.com
社　址：	北京市海淀区气象路50号院	邮　编：	100081
责编电话：	010-82000860转8701	责编邮箱：	laichushu@cnipr
发行电话：	010-82000860转8101	发行传真：	010-82000893
印　刷：	北京中献拓方科技发展有限公司	经　销：	新华书店、各大网上书店及相关书店
开　本：	720mm×1000mm　1/16	印　张：	16.75
版　次：	2023年12月第1版	印　次：	2023年12月第1次印刷
字　数：	210千字	定　价：	88.00元
ISBN 978-7-5130-8987-6			

出版权专有　侵权必究

如有印装质量问题，本社负责调换。

总　序

　　贵州大学行政管理专业具有悠久的历史底蕴，起源于1983年开办的贵州大学干部培训部。1987年，贵州大学正式获批行政管理本科专业，1988年正式招收行政管理专业本科生，与中山大学、武汉大学等985高校同步较早开展行政管理专业人才培养。贵州大学行政管理专业是全国第三批次获批也是全国最早的12个行政管理本科专业之一，2000年获硕士授权点，2005年获公共管理专业硕士学位（MPA）授权点，2010年获得公共管理一级学科硕士授权点，2015年入选省级重点学科，2018年公共管理成为贵州省区域一流学科，2019年入选首批国家级一流本科专业。经过近四十年的专业传承与持续发展，贵州大学行政管理专业建设成果丰硕，在师资队伍、人才培养、学科建设、科学研究、社会服务方面取得显著成绩。40年来，贵州大学行政管理专业和公共管理学科培养了数以千计的毕业生，他们活跃在全国各地尤其是贵州省的各条战线，为全国尤其是贵州省推进地方治理能力现代化和经济社会发展做出了重要的人才贡献。

　　在培养高素质人才过程中，贵州大学行政管理专业高度重视教材建设。自一流专业立项以来，先后和贵州大学出版社、知识产权出版社合作，持续推出专业教师的教材成果。此次由知识产权出版社出版的"贵州大学行政管理国家一流专业建设系列教材"是专业教材建设的最新成果。

我们期冀通过高质量的教材成果反哺专业人才培养，为国家特别是贵州地方治理人才培养做出更大贡献。

贵州大学公共管理学院

公共行政系

前　言

毕业论文是本科、研究生等不同层次学历教育，为本专业学生集中进行科学研究训练而要求学生在毕业前撰写的论文。本教材体例基本按照毕业论文写作顺序进行编排，结合具体案例的分析，系统介绍论文写作的思维方法、研究内容、写作规范等。本教材结合当前高等教育的迫切需求，突出理论性和应用性，是贵州大学行政管理国家一流专业建设系列教材的阶段性成果。

本教材由吴声凤、孙畅、聂焱、向生丽编写。全书共分为八章，具体的编写分工如下：吴声凤负责编写第一章、第四章、第六章；孙畅负责编写第二章、第三章；聂焱负责编写第五章；向生丽负责编写第七章、第八章。

本教材在撰写及出版的过程中，得到了很多同事和朋友的帮助。首先，感谢许鹿教授在人员调配、书稿修改等方面的大力支持；其次，感谢公共行政系系主任张红春副教授在教材出版中的帮助；最后，感谢知识产权出版社的编辑老师。同时，本教材撰写中还参考了大量同类教材、期刊等，限于篇幅，恕不一一列出，特此说明并致谢！

吴声凤

2023 年 2 月 16 日于贵州大学

目 录

第一章 毕业论文概述 // 1

第一节 破冰起航：了解毕业论文 // 2

第二节 为什么要写毕业论文 // 14

第三节 毕业论文的基本要素 // 21

第四节 一篇毕业论文的诞生 // 39

第二章 毕业论文选题与开题 // 45

第一节 论文选题的概念与关键要素 // 46

第二节 论文选题的原则 // 48

第三节 拟定论文选题的方法 // 54

第四节 确定选题与标题的拟定 // 57

第五节 教师定题与自主选题 // 63

第六节　如何写开题报告 //64

第三章　引　言 //74

第一节　什么是引言 //75
第二节　引言的结构要素 //77
第三节　引言常见问题与写作建议 //85

第四章　文献综述 //91

第一节　审视需求：为什么要做文献综述 //92
第二节　回到根本：文献综述的基本内涵 //96
第三节　写作指引：如何做文献综述 //106

第五章　研究设计 //130

第一节　研究设计的作用与类型 //131
第二节　概念与理论 //145
第三节　资料的搜集与分析 //160

第六章　分析论证 //176

第一节　分析论证的内涵和基础 //178

第二节　分析论证的方法　// 181

　　第三节　分析论证的结构　// 186

第七章　摘要、关键词和结语　// 194

　　第一节　摘要的结构要素与写作　// 195

　　第二节　关键词的写作　// 203

　　第三节　结语的结构要素与写作　// 206

第八章　毕业论文的其他相关问题　// 215

　　第一节　毕业论文的格式及语言表达　// 216

　　第二节　毕业论文的学术规范　// 229

　　第三节　论文答辩　// 234

附录1　贵州大学普通本科毕业论文（设计）管理办法　// 242

附录2　贵州大学本科毕业论文（设计）规范化要求　// 253

第一章　毕业论文概述

启发式问题

1. 为什么我们要学习毕业论文写作?
2. 毕业论文有哪些特征?

论文是人类表达情感、表达观点、表达思想的重要形式,《文心雕龙》有"心生而言立,言立而文明,自然之道也",即反映了"言为心声"的道理。《淮南子·缪称训》也说"文者,所以接物也,情系于中而欲发外者也",描述了文章也如音乐一样,其产生源于抒感的需要,而不是简单发出声音就可以了。论文是研究成果的重要表现形式,从古至今,文人墨客多以写诗、作文为荣,唐朝诗人杜甫《偶题》中的著名诗句"文章千古事,得失寸心知"说的就是作者对文章背后的付出和好坏有自知之明,要想传下特别的、好的东西不是轻易所能为的。文章作品如此,科学研究作品更不能例外。

第一节 破冰起航:了解毕业论文

一、毕业论文的概念和特征

(一)什么是毕业论文

毕业论文,又称"学位论文",是本科、研究生等不同层次学历教育为本专业学生集中进行科学研究训练而要求学生在毕业前撰写的论文。大学阶段,学生需要完成个人培养计划规定的课程学习并获得规定学分后,综合运用所学专业的基础理论、专业知识和技能(包括课堂教学互动过程中学到的、查阅文献资料获得的、社会调查和科学实验中获取的),围绕一个经深思熟虑后选择的专业问题,在导师指导下独立完成学位论文写作。学位论文是学生学业成果的载体,目的在于培养学生的科学研究能力,能够从总体上考查学生大学阶段学习所达到的学业水平。一般来说,学士学位论文字数为 1 万字左右,硕士研究生学位论文 5 万字左右,博士研究生学位论文 10 万字以上。

(二)毕业论文的特征

在自然科学和社会科学领域中,人们通过对某些事物、某些现象、某些问题的深入研究、实验和探索,总结其规律,揭示其本质特征,提出新的见解,给出正确的结论,这就是毕业论文。毕业论文通常具有学术性、创新性、专业性、科学性、规范性和凝练性六大特征。

学术性。学术性即理论性，是毕业论文的本质特征，也是确定毕业论文的基本条件。所谓学术性，是把专门性的知识积累起来，加以探索和研究，得出抽象性结论的理论思维，使感性认识上升到理论高度，使之专门化、系统化和严密化，它并非一般性的经验总结、心得体会，而是作者对某些有学术价值的问题进行专门系统研究的创造性劳动的结晶，要引述各种事实和道理来论证自己的新见解、新观点，具有浓厚的理论色彩，具有一定的理论高度，必须传达出作者亲自获得的原生信息或重要的次生信息。学术性的一个重要标志是它的抽象性、概括性和深刻性。要抓住问题的本质，只有通过抽象才能上升到理论的高度，而不是具体的简单现象的堆积。抽象的过程也是一个高度概括的过程，只有深刻的思维才能揭开偶然现象的表面，才有可能概括、寻找出本质性的东西。论文的学术性要求作者有这些方面的思维过程和思维结果。学术论文必须具有开拓性的研究和探索，能够填补未涉足的领域，或者是前人已有的学术见解的新发现、新补充，或者是对新情况、新问题、新矛盾有所分析、有所论证、有独到见解，使学术论文具有真正的原创性。❶毕业论文通常从研究问题出发，以学术见解为核心内容，是对存在物及其规律的学科化论证；内容不能够止于教科书、科普知识和宣传材料，必须具有鲜明的学术观点。

创新性。创新性也称"创造性"，是指毕业论文不是对已有知识、材料的简单整理和加工，它是论文学术价值的集中表现。季羡林先生在《季羡林自述：我的学术人生》中说："没有新意，不要写文章。""新意"从何而来？季羡林先生说："有的可能是从天上掉下来的，是出于'灵感'的，比如传说中牛顿因见苹果落地而悟出地心吸力。但我们必须注意，这种灵

---

❶ 马君. 学术论文的特征及其构成要素[J]. 编辑之友，2002（S1）.

感不是任何人都能有的。"[1]对毕业论文而言，其"创新性"既可表现为新问题的发现、新方法的使用、新观点的提出，也可表现为研究对象的新选择、研究理论的新角度、研究成果的新取得等。它既是对他人研究成果的延伸和发展，也是对已有观点的纠正、否定，甚至提出全新的论断，在理论上或实践上比前人有新的进展。

专业性。专业性是指论文不是通俗读物，一篇论文一般可以明确归属于某一个学科专业领域，需要使用该专业领域的专门话语系统。

科学性。科学性是指毕业论文要忠于事实和材料，不能感情用事，更不能弄虚作假，这是毕业论文的灵魂。科学性强调毕业论文一定要"实"，不仅要有逻辑性，也要有方法性。科学性主要表现在以下三个方面：①真实性。内容真实准确；引证资料翔实可靠，事实清楚。②逻辑性。论文不同于散文、随感，它必须具有缜密的逻辑。好的论文，结构要严谨，论述层次要清晰。其不仅要求立论客观正确，论据充分可靠；也强调论证周密有力，语言表达精练准确，推理符合逻辑，不能主观臆造，强行给出结果或牵强附会。③方法性。毕业论文不是总结、体会、工作报告，其写作需要科学的方法论指导；研究方法决定着论文的科学性和结论的可推广性，这是论文质量的关键。

规范性。这是毕业论文形式方面的特点。其要求在格式上，要符合通用的著录规范；在结构上，要通顺自然，逻辑性强。毕业论文正文一般包含引论、本论、结论三个部分。其中，引论是论文的开头部分，主要说明论文写作的目的、现实意义、对所研究问题的认识，并提出论文的中心论点等；本论是毕业论文的主体，包括数据材料、研究内容与方法、结果与分析（讨论）等；结论是毕业论文的收尾部分，是围绕本论所作的结束

---

[1] 季羡林.没有新意不要写文章[J].教育科学研究，2001（4）.

语，其基本的要点就是总结全文、加深题意。最后，还要注意引文的规范性、学风的严谨性，要尊重他人劳动成果，引文要有出处，引证要相关。

凝练性。凝练性是指毕业论文不仅要做到文从字顺，而且要精练、准确、无可挑剔，达到"减之一字则太短，增之一字则太长"，这是论文语言锤炼的目标之一。

在美国，曾有演讲爱好者（Q）就演讲准备时长问丘吉尔（A），其对话如下：

Q：如果让你作10分钟的演讲，需要多少时间准备？

A：半个月。

Q：如果让你作半小时的演讲，需要多长时间？

A：一星期。

Q：如果是能讲多长时间就讲多长时间的演讲呢？

A：不需要准备，现在就可以开始。

你认为，论文最重要的特征是什么？

二、毕业论文的常见类型

关于毕业论文类型，众说纷纭。如丁斌认为论文包括体系应用型、规划型、政策分析型、技术方案型等类型；[1]张俊瑞认为除基础研究、部分应用基础研究及纯理论研究，其余基本上可以划归为应用型论文；[2]杜永红等认为按研究方法分类，论文可分为综述研究论文、定性研究论文、定量研

---

[1] 丁斌.专业学位硕士论文写作指南[M].3版.北京：机械工业出版社，2019.
[2] 张俊瑞.妙笔生花：MPAcc专业学位论文之"道"与"术"[J].财会月刊，2022（1）.

究论文、案例研究论文四类。❶ 毕业论文的常见类型也没有统一的划分，不同学科、不同办学单位会依据自己的培养要求、学生特点、办学定位等给出不尽相同的指导性意见。下面列举部分学科常见的毕业论文类型，供大家学习和参考。

（一）会计硕士专业学位论文类型

《会计硕士专业学位论文指导意见》中指出，会计硕士专业学位（MPAcc）论文类型一般采用案例分析、调研（调查）报告、专题研究、组织（管理）诊断等❷。表 1.1 列举了全国 MPAcc 优秀学位论文常见类型。

表 1.1　MPAcc 毕业论文常见类型

题目	论文类型	作者（单位）	备注
家族企业代际传承过程中的战略变革与公司绩效——基于"福耀玻璃"的案例研究	案例分析（决策型）	陆行（浙江财经大学）	2020 年全国 MPAcc 优秀学位论文
GS 人寿保险 S 分公司成本控制研究	案例分析（事实说明型）	陈海英（西安交通大学）	2012 年全国 MPAcc 优秀学位论文
我国公立医院审计委员会制度构建的探索性研究	调研（调查）报告	吕晓敏（浙江财经大学）	2016 年全国 MPAcc 优秀学位论文
优先股会计问题研究	专题研究	崔攀攀（厦门国家会计学院）	2015 年全国 MPAcc 优秀学位论文
制造企业精细化预算管理研究——以江苏凯伦公司为例	组织（管理）诊断	元鑫男（南京审计大学）	2020 年全国 MPAcc 优秀学位论文

1. 案例分析

案例是对组织特定管理情境真实、客观的描述和介绍，是组织管理情境的真实再现。案例研究型论文是采用案例分析的方法，通过对企业、社

---

❶ 杜永红，秦效宏，梁林蒙. 论文写作 [M]. 北京：清华大学出版社，2021.
❷ 全国会计专业学位研究生教育指导委员会秘书处. 中国会计硕士（MPAcc）专业学位教育发展报告（2004～2015）[M]. 北京：中国财政经济出版社，2017.

会组织等特定主体的会计、审计、财务等问题的客观描述和分析，挖掘典型的实际问题，充分利用所学的会计相关专业理论对实际问题进行分析，形成对理论的验证、补充和修正的一种学位论文形式。

案例大体可分为决策型案例和事实说明型案例两类。其中，决策型案例分析是在描述案例发生背景和情景的基础上，归纳待解决的核心问题，探索解决问题的各种备选方案，分析各个备选方案的特征、实施过程、可能结果，并提出推荐方案及其理由。决策型案例应围绕一个决策问题展开，决策中的不同理论依据、不同意见表达及存在的争议构成决策案例的主线。会计实践中的会计政策选择、自愿性信息披露、盈余管理方式等会计选择问题，审计实践中的客户选择、审计收费、审计程序运用、审计判断、审计意见选择，财务实践中的投资方式、资本结构、融资渠道、股利分配方式等财务选择都属于决策型案例的范畴。[1]事实说明型案例分析，是在描述案例发生背景和情境的基础上，提炼案例所包含的核心问题，运用相关理论或专业知识分析和评价该案例，总结相应的经验、教训，并从中得出启示。

2. 调研（调查）报告

调研（调查）报告是运用科学的调查研究方法，通过对某行业、企业或其他组织的调查研究，提出有关决策建议，并形成相应的研究报告的论文形式。采用调研（调查）报告类的会计硕士专业学位论文，应运用科学的调查分析方法（如问卷调查、访谈等），对调查对象在会计或相关管理领域及交叉领域进行充分的调查、分析，了解调查对象的性质、特点、现状和存在的问题，并提供有关的决策建议给企业或组织领导、政府部门参考。在此基础上，结合学位论文的规范要求，撰写学位论文。

---

[1] 张俊瑞.妙笔生花：MPAcc专业学位论文之"道"与"术"[J].财会月刊，2022（1）.

3. 专题研究

专题是针对某一个或某一类问题形成的相关问题集合。专题研究是指对典型、具有代表性的问题进行深入、专门的研究。专题研究型论文是针对现实中的某个或某类问题，运用相关理论和方法进行深入、系统的分析研究，并提出一定的应用领域拓展、移植或方法的创新。专题研究型论文应主要着眼于对企业、组织经营发展现状的翔实分析，发现其亟须解决的某些或某种问题，并通过解决某个具体企业或组织的具体问题，揭示若干具有指导性的思路、方法、方案、措施与政策等。

专题研究可以是对某领域特定主题的纯理论探讨，也可以是对特定现实会计、审计、财务问题的应用性研究。专题研究选题应当体现一个"专"字，要针对现实、具体的会计或管理相关问题展开，体现"小题目、大文章"的特点，避免空泛、广博及宏观的选题。

4. 组织（管理）诊断

组织（管理）诊断就是选择一家具有代表性的企业或其他组织，通过预调研、实情调查、信息分析等环节，采取调查问卷、面谈、资料统计等不同方法，分析、调查和发现其运行中存在的会计、审计、财务问题或其他管理问题，并以建设性报告的方式提供一系列改善建议。

采用组织（管理）诊断方式的会计硕士专业学位论文，需要运用相关会计或管理理论及方法，在对组织进行调查分析的基础上，找出被诊断组织在经营管理中存在的一个或几个问题，进行定量或定性分析，分析产生问题的原因并提出具体改善方案。除满足诊断报告本身的要求外，还应体现出学位论文的研究性、思想性和实践性。诊断性论文多见于财务报表分析、财务困境分析、应收账款管理、收费管理、投资决策失误、审计失

败、财务预警、破产等多个领域。❶

（二）公共管理硕士专业学位论文类型

2018年发布的《公共管理硕士专业学位论文类型与撰写指导性意见（试行）》（以下简称《指导性意见》）将MPA学位论文分为案例分析型论文、调研报告型论文、问题研究型论文、政策分析型论文四种类型，表1.2列举了全国MPA优秀学位论文常见类型。

表1.2　全国MPA优秀学位论文常见类型

题目	论文类型	作者（单位）	备注
《直播西安》末位淘汰制的案例研究	案例分析型论文	柴晓燕（西安交通大学）	第四届全国MPA优秀学位论文
中国基本养老保险"断保"成因初探——基于Y市的调查分析	调研（调查）报告	谭洪荣（中国社会科学院大学）	第八届全国MPA优秀学位论文
临沂市老城区交通拥堵治理问题研究	问题研究型论文	李翔宇（山东大学）	第六届全国MPA优秀学位论文
议程，方案选择与政策——中国地方政府常务会议制度研究	政策分析型论文	龚德勤（清华大学）	第七届全国MPA优秀学位论文

1.案例分析型论文

案例分析型论文应针对某一特定主体（如公共部门、社会组织）的特定实践进行真实、客观的描述和分析，主要采用实证调研与数据挖掘等方式获取资料与数据，形成完整的案例描述，并基于公共管理的理论和方法对案例进行深入分析，分析案例的成因，提出案例的解决方案，在提炼解决本案例或者同类案例问题的基础上，对案例相关的实践、政策和理论问题进行深化或拓展性思考。

---

❶ 张俊瑞.妙笔生花：MPAcc专业学位论文之"道"与"术"[J].财会月刊，2022（1）.

2. 调研报告型论文

调研报告源于调查研究，是当前普遍使用的一种社会研究方法。调研报告型论文是以公共管理实践中的某项工作、存在的某类问题、发生的某个事件为研究对象，运用公共管理的相关理论或方法对其了解和梳理，并将了解到的全部情况和材料进行"去粗取精、去伪存真、由此及彼、由表及里"的分析研究，科学呈现调查结果，形成研究报告的论文形式。

调研报告型论文应基于调查结果，或总结经验或揭示规律或发现问题，并运用调查的数据和材料对成因进行分析，得出研究结论；或将经验进行升华并提出可推广可复制的价值与路径；或针对存在的问题及成因，提出有针对性的解决办法与改进措施。

3. 问题研究型论文

问题研究型论文应针对公共管理领域内具有理论价值或实践意义的现实问题，运用公共管理的相关理论和方法描述问题产生的环境，指出问题及其成因，对比分析国内外的解决方案，提出具有可行性的解决思路，为公共管理改革、决策和发展提供经验、理论和方法的支持。

4. 政策分析型论文

政策分析型论文指的是对于一个（或一类）政策的制定、执行、评估、监控、终结和变迁，以及政策内容进行研究，可以对一个（或一类）政策的内容的某个方面、政策过程某个环节或全过程进行分析，也可以对不同领域及不同国家或地区的政策做比较研究。政策分析的程序及内容涉及政策的议程设置、问题界定、目标设立、方案规划、后果预测、方案抉择、执行与监测、评估与终结、调整与变迁等。

实际写作中，不同的论文类型有可能是组合在一起的。例如，一些论文先选择一个专题进行政策研究，接着再选择一个案例对象（公共部门、企业、社会组织等）采用问卷调查、访谈等调查研究方法进行现状描述。

所以，我们在毕业论文撰写中可参照学校学位论文标准，结合自己的优势、研究兴趣等确定论文选题，完成毕业论文撰写。

在 2022 年 12 月 30 日《公共管理硕士专业学位简介及学位基本要求（征求意见稿）》中，全国 MPA 教指委根据学位办文件要求，加入了最新版的论文分类表述，将公共管理硕士学位论文主要分为专题研究、调研报告、案例分析报告和公共政策分析四种类型。相较 2018 年的《指导性意见》，论文类型去掉了问题研究型论文，增加了专题研究类论文。

专题研究类论文是指运用公共管理学科相关专业的专门知识、专业理论和科学方法，对研究问题进行系统科学分析，提出解决办法，鼓励在此基础上对公共管理学科相关专业领域知识进行提炼创新，为公共管理改革、决策和实践提供经验、理论和方法支持。

三、毕业论文撰写要求

论文撰写基本要求包括三个方面：一是理论联系实际，二是研究方法规范，三是写作有章可循。

（一）理论联系实际

理论联系实际是毕业论文撰写的基本原则。我们着手进行毕业论文写作时，第一手资料不可或缺，这就需要我们根据专业方向和论文题目，迈开腿深入实际进行调查，发现真问题。同时，我们还要善于读书，掌握本学科的专业基础知识和理论工具，丰富自己的知识结构。黑格尔在《小逻辑》第三版序言中说，人们在讨论学术问题之前，应该"先具备某种程度的知识"，否则"没有凭借作为讨论出发的根据，于是他们只能徘徊于模糊空疏以及毫无意义的情况中"。知识结构的重要性体现在它能够更多地让我们将所关注的社会现象或问题与专业学科的概念及学科的理论建立起一定的联系，起到强化研究问题的学科性和理论性的作用。

示例

贵州大学2020届行政管理专业杨朵的硕士论文《地方性知识与项目制空转：对项目制运行的机制性解释——G市农村幸福院案例研究》

作者在对G市农村幸福院项目的田野调研中发现，项目制运行过程中，项目的确完成了建设任务，但是项目运行却架空于项目服务对象之上，并没有明显地改善农村养老服务供给境况。是什么原因导致这一现象的呈现呢？作者便以此为论文的研究问题，在阅读和梳理相关文献的基础上，基于资源依赖等理论，从地方性知识视角，对实地调研案例进行分析，解释了农村幸福院的项目空转及其成因。

（二）研究方法规范

科学知识是靠科学方法获得的，只有运用科学方法进行研究，才能得到正确的结论或科学知识。社会研究的各种方法与各种科学研究的方法一样，也必然受着科学一般规律及固有特征的制约和影响。其中，对研究方法规范化的要求就是这种制约和影响的一个重要体现。

毕业论文写作过程中，科学方法须臾不可或缺，贯穿于写作的全过程中。研究方法规范，指的是在具体的社会研究中，研究者要自觉遵循前人通过多次反复实践所总结出的、相对成熟的普遍性原理、原则、方式、方法及技术。❶具体来说,无论是探寻现象之间因果关系的逻辑,还是调查对象的选择方法、概念操作化的程序和方式、问卷设计的原则与方法、访谈的技巧、参与观察的技术,还是数据的编码、录入、清理程序等,都已形成了一些科学的、固定的、相当规范的知识体系。正是依靠这种规范化的原理原则、方式、方法及技术,每一项具体的社会研究才有可能最大限度地接近社会世界的本来面貌,才有可能揭示出隐藏在大量社会现实背后的本质规律性。

(三)写作有章可循

毕业论文撰写具有规范性是论文学术规范性的基本要求。论文必须坚持的规范、规则涉及字词句、篇章结构、标点符号、参考文献等多方面。这就要求我们做到以下几点。第一,表达和证明观点时所用语言要尽可能简洁、清晰,不应采用文学化描写和讲故事的写法,避免字、词、句、段含有歧义。第二,写作中坚持逻辑的严谨性和格式的完整性。论文逻辑的严谨性不仅体现在论证过程中要言之成理、持之有据,还体现在研究问题中要对研究对象进行系统考察、文献综述撰写中要尽可能全面梳理相关主题既有成果和观点;格式的完整性要求论文摘要、关键词、目录、正文、参考文献、字体字号等格式要按照各学校学位论文的标准执行。第三,论文中引用他人的成果或话语,需要在文中标出其实际引用位置,并注明其准确的出处。

---

❶ 风笑天.社会研究设计与写作[M].北京:中国人民大学出版社,2014:2.

如何写好毕业论文

第二节 为什么要写毕业论文

毕业论文是高等学校普遍采用的一种学术测量工具。对高等学校来说，它是学位授予者评价和考查学位申请者的学习成绩和学术水平的一种手段，是评定毕业成绩的重要依据和评定学位的必备条件。同时，通过毕业论文撰写可使学生对某一问题进行专门、深入、系统的研究，以巩固其专业知识和技能，培养学生综合运用所学知识独立解决问题的能力。而且，随着学位层次的提高，毕业论文在学业评价中所占的比重也越来越高；对学位申请者来说，毕业论文不仅是反映其学术水平的主要形式，而且是学习者在一定阶段的研究成果和学术观点的系统总结。

一、毕业论文很重要

1981年5月20日国务院批准实施的《中华人民共和国学位条例暂行实施办法》中规定："高等学校本科学生完成教学计划的各项要求，经审核准予毕业，其课程学习和毕业论文（毕业设计或其他毕业实践环节）的成绩，表明确已较好地掌握本门学科的基础理论、专门知识和基本技能，并且有从事科学研究工作或担负专门技术工作的初步能力的，授予学士学位。"各高等学校将毕业论文的写作纳入教学计划，并对毕业论文成绩不合格者，不授予学位；不少高等学校和省份还评选优秀毕业论文，并给予奖励，颁发证书。对于硕士、博士研究生而言，硕士学位论文或博士学位论文成绩合格是准予毕业和获得学位的必备条件。硕士学位论文对所研究的课题应当有新的见解，表明作者具有从事科学研究工作或独立担负专门技术工作的能力。博士学位论文应当表明作者具有独立从事科学研究工作的能力，并在科学或专门技术上做出创造性的成果。

2004年4月8日教育部颁布的《教育部办公厅关于加强普通高等学校毕业设计（论文）工作的通知》强调："要充分认识毕业设计（论文）环节的重要意义。毕业设计（论文）在培养大学生探求真理、强化社会意识、进行科学研究基本训练、提高综合实践能力与素质等方面，具有不可替代的作用，是教育与生产劳动和社会实践相结合的重要体现，是培养大学生的创新能力、实践能力和创业精神的重要实践环节。同时，毕业设计（论文）的质量也是衡量教学水平、学生毕业与学位资格认证的重要依据。"2020年9月4日，教育部、国家发展改革委、财政部联合下发的《关于加快新时代研究生教育改革发展的意见》，将"学位论文开题、中期考核、论文评阅和答辩、学位评定等环节，落实全过程管理责任，细化强化导师、学位论文答辩委员会和学位评定委员会权责"，作为提升研究生培养质量的重要措施。同年9月25日，国务院学位委员会与教育部联合发布的《关于进一步严格规范学位与研究生教育质量管理的若干意见》，将学位论文作为研究生培养质量的重要内容，并对研究生学位论文规范问题做出明确要求。

可见，毕业论文是实现高等学校人才培养目标的重要教学环节，是完成学业、取得学位的要求和必备条件。毕业论文也是对学习知识的理解和综合运用能力的重要考查，是培养学生创新意识和创新能力的重要手段，是理论学习与社会实践相结合的重要体现。毕业论文"不及格"者，发给结业证书。如果学生自愿重修，可及时提出申请，办理重修手续，并安排在下一届毕业论文期间进行。

二、毕业论文很有用

> Q：我不打算从事学术研究，为什么要撰写毕业论文？
>
> A：即使你不打算从事学术研究，撰写毕业论文也会让你受益终身，因为论文很有用。

首先，毕业论文可以进一步巩固所学专业知识和技能。毕业论文是将所学的知识消化、吸收、总结和运用，并主动调动发现问题、分析问题、解决问题能力，以及总结写作能力的一种创造过程。由于毕业论文的性质和它在学术评价中的重要地位，其选题和撰写历来为学术机构和论文指导教师高度重视，许多研究人员对毕业论文也有专门的论述。当代著名新闻史研究专家方汉奇教授说："学位论文的写作是一项完全训练，它不仅能够提高写作者搜集、整理、鉴别相关文献资料的能力，分析问题和解决问题的能力，还可以看出他们使用外语和驾驭外语的能力，因此是对大学生和研究生学习成绩和专业水平的一个总的检验和考核。"❶

可能你的论文对已有的知识补充不多，但认真完成毕业论文会增加你的知识，也会提高你写作论文的能力。你可能会这样想，将来不在学术领域而是在商业或其他领域工作，但是研究能力在学术范畴之外和在学术范畴之内一样重要，在很多方面研究是相通的。❷ 所以当你现在尝试学习论文写作这门艺术时，就是在打造自己，以备某天能够承担重要的研究任务。

---

❶ 方汉奇.选题·酝酿·谋篇——怎样写作学位论文[J].新闻战线，2005（5）.
❷ 杜拉宾.芝加哥大学论文写作指南[M].雷蕾，译.北京：新华出版社，2015：2.

其次，毕业论文可以培养同学们的逻辑思维能力和推理能力。与一般文章相比，毕业论文内容丰富、逻辑性强、前后连贯、说理透彻。撰写毕业论文，你需要提出一个问题，然后搜索有关事实来回答这个问题，无论这个问题是简单到找到一个老人还是复杂到发现生命的起源，如果其他人只有通过了解你寻找答案的过程才能接受你的观点的时候，你就必须将你的论文写出来。事实上，毕业论文是一个科学论证过程，任何实质上的漏洞都会导致论证上的失败，因此论文撰写过程迫使我们形成清晰的逻辑链条和完整的说理表达，通过逻辑思维来构思布局、组织思想、搜集证据、取舍素材，运用准确的语言来表达内容，并通过分析、提炼观点来展示结论。

论文撰写不是一般意义上的写作过程，而是一种观点和论据的组织过程。而且，除了论据和推理，你还可以有很多办法得出研究结论，比如，你可以依靠传统和权威，或者依靠直觉、洞察和逻辑推理，甚至可以凭借你内心深处的情感。但是当你极力向他人解释你的观点并希望他们也应该相信的时候，你必须做得更多，而不只是陈述观点。为此，你不仅要出色地收集和分析资料，更要清晰地阐述你的逻辑推理过程，以便你的读者能对你的观点作出检验和评判。所以，毕业论文的撰写不仅巩固了你的专业知识，也培养了你对已掌握的理论、方法进行抉择、匹配的能力。

最后，毕业论文有利于激发学生的创新精神，记载并传播研究成果。毕业论文要求学生以所学专业中的某个问题或事件为研究对象，运用本学科相关理论和方法进行分析研究，并提出自己的见解。组织学生进行毕业论文撰写的过程，就是学生充分发挥自己的聪明才智和创新精神的过程，也是帮助学生分析并发挥自己学业专长和兴趣、确立自己主攻专业方向的过程，许多学生的毕业论文课题就成了其日后工作的主攻领域。同时，毕业论文是要给本学科专家老师看的，因此为了便于交流，论文的撰写不能

如何写好毕业论文

任由个人随意发挥，而是需要使用规范的语言形式。所以，毕业论文写作对于我们撰写其他类型的规范文书，如工作报告、方案策划、宣传报道等大有裨益。

三、毕业论文很有趣

Q：论文是不是很枯燥？

A：我们不否认论文的写作并不轻松，但也绝不枯燥。因为，论文总是围绕着问题，而问题来源于兴趣。

优秀的论文背后都有兴趣作为支撑。这样的论文既能解决问题，也充满了趣味。

示例

恐龙会孵蛋吗？

这是一个有趣的问题，因为恐龙趴在恐龙蛋上肯定会压碎蛋壳。那么，恐龙怎么孵化恐龙蛋？能不能找到证据？在 2018 年 5 月 15 日《生物学报》(*Biology Letters*) 上刊发的论文，研究了一块新发现的恐龙化石。研究显示：恐龙确实有办法避免压碎恐龙蛋，即沿着它们的巢精心地把恐龙蛋排成环状，恐龙可以趴在中间凸起的空壁上孵蛋，这样就不会压碎蛋了。

很明显，这篇专业性的学术论文背后是我们对恐龙、对过往历史的极大兴趣。

👉 示例

婴儿也具有逻辑推理能力吗？

这也是一个有趣的问题，因为知识的起源一直是一个争论不休的问题。先天学派认为存在与生俱来的基本知识，这些基本知识是各种复杂知识和能力的基石。相反，后天学派则认为人出生就是一块白板，婴儿只有基本的知觉，知识都是后天习得的。两千多年来，两派争论不休。然而，思辨的争论最终还是需要实证的研究来裁决。2018年3月《科学》（*Science*）杂志刊发的题为《前语言期婴儿逻辑推理的先兆》论文，通过研究婴儿的行为和眼动，表明了12个月和19个月的婴儿能够进行简单的选言三段论，说明人类的逻辑能力存在独立的起源，并不依赖于语言的习得，一些基本的逻辑能力可能是与生俱来的。

很明显，这篇论文背后是作者对研究问题本身的兴趣和执着，也是《科学》杂志愿意接受有争议的研究课题的体现，其看重研究证据是否能支持研究结果，而不被观点上的偏见所影响。

👉 示例

微信带来了传播变革吗？

微信正式运营不足两年，《新闻记者》杂志2013年7月发表了一篇题为《微信公众平台：新闻传播变革的又一个机遇》的论文。当时，大多数人还未开通微信，正处于"微博称王，微信刚起步"的年代，作者提出"微信引领传播领域的变革"这一观点是否具有前瞻性？

很明显，这篇论文背后是作者对微信、对新生事物的极大兴趣。

示例

《贫穷的本质：我们为什么摆脱不了贫穷》

2022年8月16日，"公共管理共同体"公众号荐书《贫穷的本质：我们为什么摆脱不了贫穷》，从微观层面出发，探究相关政策对于个体的影响，理解个体做出的选择背后的原因。该书的研究问题切入具有张力，比如为什么穷人吃不饱饭还要买电视？为什么他们的孩子即使上了学也不爱学习？为什么他们放着免费的健康生活不去享受，却要自己花钱买药？为什么他们能创业却难以守业？为什么大多数人认为小额信贷、穷人银行没什么效用，等等。该项研究采用了随机对照实验的研究方法，让研究人员在当地人的配合下展开大规模的实验，探究穷人行为选择背后的逻辑。该书进一步阐释了各类市场、机构、政府能为穷人做些什么，在

图1.1　中信出版社
2018年9月（修订版）

何种情况下政府会力不从心。

很明显,这项研究背后是作者对研究问题本身的兴趣和强烈的社会责任感。

第三节　毕业论文的基本要素

每篇论文都有自己的考察对象,构成核心对象的几个关键因素或者考察点就是论文的要素,需要在写作和论证过程中重点描述、阐释和论证。

从科学逻辑来说,一点无法成面,两点也只能成一直线,三点才可以成形或成平面,四点以上就是可以蕴含丰富内容的立体。中国传统经典著作《道德经》说:"天下万物生于有,有生于无;道生一,一生二,二生三,三生万物;万物负阴而抱阳,冲气以为和。"这是中国文化中的"三生万物"的思想。"三"及其变化在事物的结构和运动变化中具有基础作用。将这个道理运用于毕业论文撰写中,有助于做好论文的逻辑安排。

在社会科学研究中,"三"这个数对应的关键因素就是:原因、过程与结果。中国传统经典著作《大学》中写道:"物有本末,事有终始,知所先后,则尽道矣。"美国作家杰里·克利弗在《小说写作教程:虚构文学速成全攻略》中也说:"故事实现认同与共鸣的只有三个要素:冲突、行动、结局。"其他要素都是这三个要素的衍生元素。

一篇规范的毕业论文包含的基本要素有6个:论文选题、文献综述、

 克利弗.小说写作教程:虚构文学速成全攻略[M].王著定,译.北京:中国人民大学出版社,2011.

如何写好毕业论文

研究设计、分析论证、研究结论、写作规范。每一个要素都在毕业论文中起到独特的、不可替代的作用。

一、论文选题

与多数科学研究一样，毕业论文的选题也始于我们的兴趣。研究兴趣大多来自我们对日常生活中的一些矛盾、分歧、焦点问题和信念的好奇。在我们进行论文撰写前不妨多问几个为什么，如"人们为什么会用某种特定的方式思考、学习和行动？""是否某些政策工具比其他的更有效？""什么原因导致政策执行效果与预期存在偏差？"激发我们研究兴趣的问题有很多，你会提出什么问题？

兴趣和关注会成为你开展研究的动因，即为什么研究（Why）；同时也为你找到研究的切入点提供必要的信息（What）。你必须不断界定和澄清"研究什么"的问题，直到将日常生活兴趣转化为可供研究的选题。

选题是科学研究的逻辑起点，是论文写作的第一步。从选题范围来说，可包含研究对象式选题、研究标题式选题、研究设计式选题三种。❶ 研究对象式选题，就是在自己的学科领域内提出问题，选择、确定一个写作对象的过程。❷ 研究标题式选题，就是确定题名或标题，要求以最恰当、最简洁的词语反映论文中最重要的特定内容的逻辑组合。❸ 研究设计式选题，就是研究者选择一个有待于发现、验证、澄清、解决或回答的问题，并将之加以明确化和具体化的过程。❹ 选题决定着毕业论文的研究目

---

❶ 郭泽德.写好论文[M].北京：清华大学出版社，2020：2.
❷ 柳建乔，何汶.大学生论文写作[M].武汉：湖北科学技术出版社，2013：8.
❸ 陈瑞华，等.法学论文写作与资料检索[M].北京：北京大学出版社，2011：1.
❹ 刘淑杰.教育研究方法[M].北京：北京大学出版社，2016：8.

标、研究内容、理论积淀、方法论等，其对后续论文写作关系重大，往往直接决定了毕业论文最后的质量和成败，也决定着师生是否能共同开启愉快的研究探索之旅。一般地，毕业论文的选题过程需要转化为规范的开题报告，供导师和开题专家小组审核。下面我们以研究设计式选题为例，介绍一般的选题过程。

（一）明确研究问题

任何一篇合格的毕业论文，都要有一个明确的研究问题。能否提出一个好的研究问题，是判断一篇毕业论文质量高低的重要标准。我们先来看一个师生间讨论研究问题的段子。

老师：你好！你打算做的研究是什么？

学生：关于乡镇营商环境的优化。

老师：好的。具体是什么问题？

学生：乡镇如何优化营商环境。

老师：那……具体你想研究哪方面，从哪个角度？

学生：就是……乡镇如何促进营商环境优化。

老师：我是说你的研究问题是什么？Research Question 是个问题。

学生：哦，问句。那就是"乡镇如何促进营商环境优化？"

尽管这是一个段子，但其反映了不少同学在开启毕业论文写作时的懵懂状态。以致在毕业论文开题、中期检查或毕业答辩中，答辩专家们问及"你的研究问题是什么"或"你要研究什么问题"时，学生们会有诸如"我研究的是社区治理问题""我要研究乡村振兴问题""我研究的是易地扶贫搬迁问题"的回答。这些往往可能只是一个研究领域（Area），或者

如何写好毕业论文

一个研究主题（Topic），而不会是一个研究问题（Problem）。究其原因，就是大家写作时缺少研究的问题意识。那么，如何培育问题意识呢？我们先从问题谈起。

1. 研究始于问题

梁启超先生告诉我们："能够发现问题，是做学问的起点；若凡事不成问题，那便无学问可言了。"❶ 爱因斯坦也认为，提出一个问题往往比解决一个问题更重要、更困难，因为解决一个问题也许仅是一个数学上的或试验上的技能而已，而提出新的问题、新的可能性，从新的角度去看待旧的问题，都需要有创造性的想象力，而且标志着科学的真正进步。❷ 可见，提出一个问题是很重要的。因为若没有人提出这一问题，大家就无法意识到它的存在，就谈不上如何解决它。

问题可分为实践层面的问题和理论层面的问题。

实践层面的问题来源于人们对自身生存状况的敏感，建立在审美情感和善恶判断的基础上，如马克思所指出的："问题却是公开的、无所顾忌的、支配一切个人的时代之声。问题是时代的格言，是表现时代自己内心状态的最实际的呼声。"❸ 习近平总书记在 2021 年 9 月中央党校省部级干部开班式上的讲话指出，"眼睛向下、脚步向下，经常扑下身子、沉到一线，近的远的都要去，好的差的都要看，干部群众表扬和批评都要听"，"听真话、察真情，真研究问题、研究真问题，不能搞作秀式调研、盆景式调研、蜻蜓点水式调研"。人们只有通过置身于特定的时代背景之中，才能更好地认识世界，认识到社会制度安排中的某个或某些不足、缺陷或危

---

❶ 梁启超.指导之方针及选择研究题目之商榷[M]//夏晓虹.梁启超文选：下卷.福州：福建教育出版社，2020.
❷ 爱因斯坦，英费尔德.物理学的进化[M].周肇威，译.长沙：湖南教育出版社，1999.
❸ 马克思恩格斯全集：第 1 卷[M].北京：人民出版社，2002：203.

机，"感到他们所珍视的某种价值受到了威胁"[1]，这就是"问题情境"。问题起作用的机制，就在于这种情境逻辑，即人们意识到了现实生活中某种不令人满意的境况，试图对此加以改变，以使其能达到符合人意的境况。

★ **怎样发现问题？**

研究者需要具备一种非常重要的能力，即能够在具体和抽象之间不断切换，把日常生活中司空见惯的现象转化为学术问题的能力，说得通俗一点，就是"于无声处听惊雷"。书呆子用书本知识解释一切，生活在抽象世界里；普通人用日常经验解释一切，生活在具体世界里；而学者必须在抽象与具体之间往返穿梭。在学术研究中，我们要逐渐培养这种能力。

譬如，奥尔森在《集体行动的逻辑》中提出了"搭便车"的问题，其实这个问题是一个常识，我们可以用一句谚语来表达："一个和尚挑水喝，两个和尚抬水喝，三个和尚没水喝。"我们生活当中也经常有这样的体会。但这种现象背后是什么呢？从一个和尚、两个和尚到三个和尚，这种变化意味着什么呢？我们怎么把它概念化呢？

用学术语言来说，从一到三，就是组织的规模问题。这样就把现象抽象化了。组织规模越大，人们越倾向于搭便车，因为个人的贡献很难被其他人有效地识别，做多做少一个样。

（葛剑雄：《通识写作：怎样进行学术表达》，上海：上海人民出版社，2020年。）

---

[1] 米尔斯.社会学的想象力[M].陈强，张永强，译.北京：生活·读书·新知三联书店，2016：7.

如何写好毕业论文

理论层面的问题主要表现为一种对象性思维，一种纯粹理智的理解要求。陈瑞华老师认为，"问题意识"中的"问题"应该是"具有理论意义的问题"，而不仅仅是制度和法治层面的问题，只有这样，我们才能经由对这一问题的研究提出具有解释力的理论。仇立平老师在《社会研究和问题意识》一文中总结了社会科学研究中的四种问题来源：

首先，所研究的问题在现有的"知识库存"中还无法找到，是史无前例、填补空白、开创性的。

其次，所谓"问题"也可以是指采用不同理论对一个已经经过大量研究的问题给予新的诠释，或者采用新的方法对一个旧的问题进行再研究。

再次，"问题"还表现为随着社会的发展已经做过的研究发生了新的变化或者原来的理论已经不能有效地解释已经发生变化的社会问题、社会现象。

最后，在社会科学中解决问题的方法以及问题本身也是一个问题，而不仅仅是一个技术问题。❶

当我们着手撰写毕业论文时，如何提出问题、如何选择适合探讨的问题，是进行论文撰写的先决条件，这与问题意识的培育密不可分。

2. 问题意识的培育

论文写作的问题意识，就是思考写作的问题如何而来。仇立平老师认为，"问题意识"就是人们在考虑任何问题时都要把这些问题放在一定的历史的、社会的背景下，都要分析无数个个人是怎样主动参与、"共谋"这样的行为规范，并采用"适当"的理论解释或诠释人们的行为或观念。❷

---

❶ 仇立平. 社会研究和问题意识 [J]. 江苏行政学院学报, 2010（1）: 70-75.
❷ 同❶.

问题意识并非无本之木，它是在大量生活、知识积累的基础上培养起来的。社会研究中的很多问题基本上来自我们对日常生活中的一些矛盾、分歧、焦点问题和信念的好奇。所以，我们在日常生活中要做一个生活的有心人，多留心观察身边的现象，多问几个"为什么"，以便激发问题意识。自然科学中的很多重大发现，如我们熟知的万有引力定律，就是牛顿通过观察司空见惯的现象——苹果落地，提出问题，并以此为起点发现的。

问题意识的培育离不开创造性的想象力。对于身边的社会现象，如何认识、分析，如何从恰当的问题角度切入进行深刻剖析，进而揭示其理论意义，是我们所需的问题意识培育的训练。下面我们来看看陈振明老师在《社会研究方法》❶一书中是如何通过《等待》❷这部小说中的故事进行问题意识培育分析的。

20世纪60年代初，青年孔林离开家乡从农村到沈阳去读军医学院。读书期间，根据父母的意见，他在老家娶刘淑玉为妻。毕业后，孔林被安排到木基市的一家部队医院，成为一名军医。在医院里，他爱上了热情奔放的城市护士吴曼娜，于是下决心要和淑玉离婚。但是，妻子淑玉不愿意离婚，淑玉娘家人不准孔林离弃妻子，孔林身边的人，从单位领导、同事到亲朋，也都不同意他们离婚，而且不断"做工作"。孔林所在部队医院更是有一条已经说不清是哪位领导定下的不成文的严格规定：夫妻分居必须满18年，才能自动离婚。于是，孔林从20世纪60年代一直等到80年代，经历了诸多周折，终于在分居超过18年后，正式办理了离婚手续。然而，

---

❶ 陈振明. 社会研究方法 [M]. 北京：中国人民大学出版社，2012：32-34.
❷ 1985年到美国留学，而后成为新移民并进入美国文坛的作家哈金，原籍中国辽宁，在美国用英语写的一部小说。此书获得了1999年美国"国家图书奖"和2000年"美国笔会/福克纳小说奖"。

当心灵上已经伤痕累累的孔林与吴曼娜如愿结婚后，双方却意外地发现，等待了近 20 年换来的不是曾经憧憬多年的幸福，而是困惑、迷茫和失望。

陈振明接着对小说的内容进行了简要分析：

小说《等待》，它的直接内容是艰难曲折的离婚过程，包括：在等待过程中发生了什么事情？为什么双方不能马上离婚？为什么两个人欲离又不能离？但是，作为一种社会科学研究，我们所需要的则是审视所提出问题的角度与深度，即从表面现象中意识到现象背后的问题后，从哪个角度去提出问题，又从哪个角度深入剖析问题。

最后，陈振明依据前沿问题研究的学术问题意识应该具有的三个层面含义对《等待》故事背后的问题意识与问题体系进行了如下分析：

第一，带着问题意识去发现研究问题是如何呈现的。我们仍以《等待》为例，那个时代，离婚常常要等待十几二十年，今天的情况则与之截然相反——离婚早已不是什么稀奇的事，如果没有子女和财产纠葛，离婚手续不过是几分钟的事。那么，带着问题意识去发现和研究问题是如何呈现的，我们会思考：为什么《等待》的主人公为了离婚，需要而且甘愿等待 20 年？为什么一条甚至连最早是由谁提出来的、不成文的"分居 18 年才能离婚"的规定，就可以具有对于活生生的人的刚性约束力？反过来，为什么现在的婚姻能够随时解体？除了就中国自身的变化提出问题，还可以从全球化层面拓宽我们对问题的认识，提出问题。

第二，进入研究领域，探寻研究领域中的问题体系。所有的问题一定有其前因后果，与上下左右各方面因素相关联，这是培养问题意识的一个基本要领。问题意识不是从天而降,不是说有就有,而是需要长期的知识积累,需要有意识地去观察问题、思考问题,这样才能触类旁通,展开丰富的联想力,即我们常说的"社会学的想象力"。必须考虑问题的过去、现在、将来如何发展,它的左右、上下情况如何,等等。

第三,提出解决研究问题的路径和方法。即运用什么方法、途径去探索、研究问题,这是一个顺理成章的逻辑性发展过程。

问题意识发源于研究主体背景知识中固有的预期与其经验观察之间的差距或冲突,常常以惊异或者怀疑的形式表现出来。这种意识作为一种心理状态及思考、认识问题的方法与观念,不仅是学生进行毕业论文选题时应当具备的最为基本的思想、对所涉学科有关问题的敏锐感知,也是毕业论文选题时了解、选择与发掘有价值论题所必须具备的一种思想意识。一篇论文只有明确了问题意识,确定了整篇文章要回答什么问题,才能据此展开有针对性的文献梳理、研究设计、研究论证等工作,最终使提出的问题得以解决。可以说,问题意识贯穿于论文写作的始终,一旦脱离了问题意识,文章就可能陷入偏题或离题的困境中。❶

3. 研究问题的来源

对于研究问题的来源,大家可参考国内外部分学者的建议。如国外学者韦恩·C.布斯教授等人在著作《研究是一门艺术》中的建议;❷国内学者风笑天老师基于自己的经验和体会提出了寻找研究问题方法的补充建议。❸若有需要,大家可查阅以上著作进一步学习。

---

❶ 李敏,陈洪捷.不合格学术型硕士研究生学位论文的典型特征——基于论文抽检专家评阅意见的分析[J].学位与研究生教育,2017(6):50-55.
❷ 布斯,卡洛姆,威廉姆斯.研究是一门艺术[M].陈美霞,等,译.北京:新华出版社,2009:47-49.
❸ 风笑天.社会研究设计与写作[M].北京:中国人民大学出版社,2014:27-29.

（二）确定研究对象

确定研究对象指的是缩小研究范围，使研究问题聚焦到一个定义明确的对象上。通常而言，宽泛的研究兴趣包含很多个具体的研究兴趣。如研究学生考试成绩，可以从个体、群体或组织机构的角度来研究。若从作为个体的学生的角度研究，你可能会思考"学生行为的改变对成绩测试结果有什么影响？""学生的态度对成绩测试结果有什么影响？"若从作为组织机构的学校的角度研究，你可能会思考："学校的教学改革对学生学业成绩有什么影响？"这里提到的学生、学校就是研究对象。那么，何为研究对象呢？

"对象"是指人们操作或思考时作为目标的事物，研究对象是科学研究过程中要认识的客体。[1]科学研究中的"研究对象"应是表征客观存在事物本质与规律的、具有准确内涵的客体。[2]

研究对象的确定和选择对于毕业论文有重要作用。首先，它既是科学研究的逻辑起点，也是毕业论文选题的原点。研究对象的确定就是在论文写作之初要明确研究对象的特殊性，以便于更精准地探讨其性质和关系。若将科学研究看作"100"的话，那么研究对象就是"1"，[3]如果缺少研究对象，论文资料的搜集、理论分析框架的建构、研究方法的使用就易失去焦点，从而影响研究问题的提出与解决。研究对象的选择需要一定的技术手段，所以研究对象的合理选用首先要以毕业论文所属学科的理论作背景。其次，研究对象主要通过观察获得，这包括文献的阅读、对日常生活的观察思考及对研究材料的省思。我们从中提炼出核心问题后，确定经验

---

[1] 吴元樑.科学方法论基础（增补本）[M].北京：中国社会科学出版社，2008：7.
[2] 刘显，张爱红.体育人文社会学博士学位论文的科学方法解构——研究对象分析[J].北京体育大学学报，2017，40（10）：17.
[3] 郭泽德.写好论文[M].北京：清华大学出版社，2020：17.

对象并根据实际需要分析经验对象的某一本质特征以提炼出科学对象、构建科学问题。最后，研究对象要与研究方法保持一致性，这就要求我们选取研究对象时要对其进行准确分析，以便找到合适的方法对其进行研究。

一个完整的研究对象是由限定词、研究单位和研究维度三部分构成的。❶ 研究单位是研究对象中最核心的要素，决定着研究的方向，不可或缺；限定词是对研究单位时间、空间、情景等方面的限制，通常置于研究对象前，是聚焦研究对象的一种方法；研究维度是对研究单位具体研究角度和问题的表述，决定着研究的结构和深度，通常置于研究单位后。如"少数民族搬迁移民社会融入研究"这个标题中，"少数民族搬迁"是限定词，"移民"是研究单位，"社会融入"是研究维度。

（三）确定研究视角

研究问题得以聚焦后，我们就要找到切入这一问题的"视角"或"角度"。这种"视角"或"角度"一般可以通过阅读文献获得，或者可以通过理论和概念的推演获得。常用的方法是通过增加与之相关的其他主题、变量，以及对概念进行界定，特别是通过建立现象之间的联系，使之变成相对动态的、内容更加具体的、方向也更加明确的研究问题。❷ 按照这个方法，我们就可在前面列举的"少数民族搬迁移民社会融入""中低收入流动人口社区融合""电脑游戏伦理"这些研究对象中，通过增加与之相关的学科主题、理论、研究变量，建立起不同社会现象间的联系，发展出诸如"政策工具视角下少数民族搬迁移民社会融入"（贵州大学2017级MPA毕业论文）、"社区服务对中低收入流动人口社区融合的影响"（中国政法大学2018级公共管理学科硕士论文）、"生存论视域中的电脑游戏伦

---

❶ 郭泽德. 写好论文 [M]. 北京：清华大学出版社，2020：17.
❷ 风笑天. 社会研究设计与写作 [M]. 北京：中国人民大学出版社，2014：23.

理"（2022 年国家社科基金青年项目）这样的选题。

二、文献综述

什么是文献综述？为什么要做文献综述？文献综述是我们做研究的基础与必要准备。当确定选题的时候，就需要了解这个问题有哪些主要概念，有哪些主要的理论背景，有哪些与研究主题相关的代表性文献，在这个领域里已经取得了哪些主要的成果，提出过哪些重要的观点，存在哪些有疑义、有争论或有缺憾的地方，在此基础上，才能够确定选题与研究的意义。所以，文献综述与选题的确定聚焦必须同步进行，它是毕业论文选题论证必不可少的组成部分。

文献综述做得如何，是很多学科衡量毕业论文质量的一个重要方面。因为，从文献综述中可以看出学生对研究领域的了解程度，对相关研究的评述是否准确到位、是否全面等。而且，做文献综述的同时，也是对自己研究成果的意义、水平的准确定位。

文献综述的撰写，一般遵循以下几个要求。第一，做文献综述不可对他人的成果视而不见，要学会欣赏性阅读，尊重他人的劳动成果，吸取他人的长处。第二，做文献综述切忌不负责任地批评别人的研究成果，要学会批判性阅读，善于从他人的论述中，尤其是从似乎理所当然的论述中，发现、探索问题。切不可自吹自擂，动不动就给自己戴上"第一""首创""填补空白"之类的头衔。有学者建议，在做文献综述时：一是不要轻易断言别人"没有做什么"，"而要说别人做了什么而你多做了什么"；二是不要轻易说你是"第一"，如果一定要说，那就应当尽量说得准确些，即准确指出在某一方面、某一点上你是"第一"。❶ 第三，做文献综述并不一定要面面俱到，但必须对这个领域中有代表性的文献、观点及当前有争论的主要问题有足够了解并作出相应的评述，在此基础上才能告诉他人你所做研究的意义。第四，做文献综述必须准确把握在所涉及领域内有哪些专著、文章、观点是有影响的，有些问题，如前述易地扶贫搬迁移民问题，相关文献可谓浩如烟海，如何进行选择性阅读，至关重要。

三、研究设计

当界定清楚所研究的问题后，接下来的任务就是去寻找回答这一问题的答案。这就是研究设计所要解决的问题。

有研究者指出："研究设计是一项研究的基本计划，它包含四个方面的主要观点。首先是策略，其次是概念框架，再次是研究谁和研究什么的问题，最后是收集和分析经验材料时所用的工具和程序。因此，研究设计也涉及与此相对应的四个方面的问题：依据什么策略来收集和分析资料？在什么样的概念框架中进行收集和分析？从谁那收集？如何收集？"❷ 实际上，研究设计的实质，就是对从研究问题到研究答案的路径选择，以及对研究实施的各个具体环节所进行的规划。❸ 研究设计一般有三个具体任务：一是明确所要研究的问题；二是选择研究方法和准备研究资料；三是列出研究实施的具体计划，包括工作方案、任务安排等。另外，若毕业论文采用的是定量的解释性研究方法，还需构建和验证研究假设。

---

❶ 李乐德.在管理科学论坛上的演讲[J].管理科学学报，2005（1）：90.
❷ KEITH F PUNCH. Introduction to Social Research：Quantitative and Qualitative Approaches[M]. London：Sage，1998：66.
❸ 风笑天.社会研究设计与写作[M].北京：中国人民大学出版社，2014：54.

进行研究设计，一般要遵循两个前提。一是研究设计必须聚焦研究问题。也就是说，你的任何选择和规划都应该围绕你的研究问题、围绕找到回答研究问题的答案进行。你的研究设计应该告诉读者你打算研究什么、将要观察什么和分析什么，思考为什么及如何进行等，它直接决定了你能不能收集到有效的数据来回答你所要研究的问题。可见，研究设计是由研究问题决定的。二是研究设计必须具有可行性。这就要求研究设计所涉及的研究路径和具体环节的所有规划在客观上必须是可行的，主观上必须是我们自己的可用资源和能力能够达到的。

研究设计作为毕业论文的"骨架"，可以通过分析框架图和研究设计图来呈现。分析框架图是我们基于某个理论对论文研究对象的行为逻辑的认识和理解，一般有三个要点：一是瞄准针对具体研究对象的假说，体现的是对所考察假说的某种理论猜想；二是图中应有理论指向，本质是讲理论，而不是就事论事，因此理论选择尤其重要；三是图中所使用的工具是概念或变量，用它们间的逻辑联系来阐释作用机制。研究设计图展示的是借助数据和模型检验假说的思路和方法。一个研究设计图中至少包括三个元素：一是待检验的假说；二是检验假说的经验素材，如数据或案例等；三是检验假说的思路和方法。

★ **什么样的研究需要假设**

所谓是否需要假设的问题，实际上指的是在研究的过程中，主要是在研究的开始阶段，是否必须有一个假设作为指引经验资料收集的方向的问题。这一问题的提出实际上是受到实证研究中"假设—检验"模式深刻影响的结果。这一模式指出，研究起始于理论，由理论推演出假设，由假设经操作化到经验资料收集，再通过对经验资料的统计分析验证或证伪假设，最后达到支持或

> 否定理论的目标。如果所有的社会研究全都遵循着上述逻辑的话，那的确可以说研究中必须要有假设了。
>
> 然而事实上，并非所有的社会研究都遵循着上述逻辑过程，因此也不是所有的社会研究都需要有假设。需要假设的只是一部分社会研究类型。概括地说，通常情况下，所有的定性研究都不需要假设，以描述为主要目标的定量研究也不需要假设，只有定量的解释性研究才需要假设。如果用研究同理论之间的关系来进行划分，那么，一般来说，建构理论的研究不需要假设，只有验证理论的研究才会需要假设。
>
> （风笑天：《社会研究设计与写作》，北京：中国人民大学出版社，2014年第61-62页。）

四、分析论证

毕业论文评审中，常看到评阅专家提出"论文论证乏力"或"论文缺少必要的分析论证"等问题。这在论文中主要表现为：一是没有抓住论证的对象，论证的焦点应是所提观点的内在价值、创新性及重要价值；二是论证缺乏逻辑，层次结构不清晰，尤其是缺乏相应的理论作支撑；三是缺乏必要的、有力的经验证据。那么，什么是论证、如何进行论证就是本部分要回答的主要问题。

论证就是用逻辑和证据证明观点的过程，它与日常生活中的争论有很大区别。我们常常将争论视为争执，如室友为了晚上熄灯时间争执、司机为了行使优先权争执、邻居为了音响争执。这些争执可以是礼貌温和的，也可是野蛮粗暴的，但全都牵涉非输即赢的冲突。研究论证就像一场友善的对话，对话中，你和想象中的读者合作推理、解决问题。这样的对话目的不在于强迫对方同意，而是要共同合作，找出大家都同意的对难解问题的最佳答案。这样的对话也不只是礼貌地交换彼此的看法，大家都有权利拥有自己的意见。毕业论文写作中，我们常被期望能提出对读者而言既新颖又重要而且令人感兴趣的观点，并且还得对观点有基于可靠证据的合理推理，就好像论文答辩时答辩组老师向我们提出的问题一样：为什么我该相信你的观点呢？

在毕业论文中，瞄准研究问题，提出一个观点，用理由支持这一观点的过程就是分析论证。而这个理由是基于论据、承认与对其他观点的回应，有时还要解释你推理的原理。论证是整个研究成功的关键，它是文章的提纲，是所有素材所依附的骨架。❶ 其他的各类材料、行文风格等都是为问题和论证服务的。

研究论证包含五个要素：观点、理由、证据、论据及承认和回应。其中，观点、理由、证据为核心要素；论据、承认和回应两个要素是三个核心要素的黏合剂。无论是简单论证还是复杂论证，基本上由以上要素构成，它们之间的关系可用图1.2表示。论证因而可概括为五句话：

以回答读者的提问为中心构建你的观点；
将观点建立在理由的基础上；
将理由建立在证据的基础上；
承认与回应其他看法（质疑、反对和不同的想法）；
为理由与观点间的关联赋予证据。❷

---

❶ 安东尼·韦斯顿.论证是一门学问[M].姜昊骞，译.成都：天地出版社，2019：108-109.
❷ 布斯，卡洛姆，威廉姆斯.研究是一门艺术[M].陈美霞，等，译.北京：新华出版社，2009：106-114.

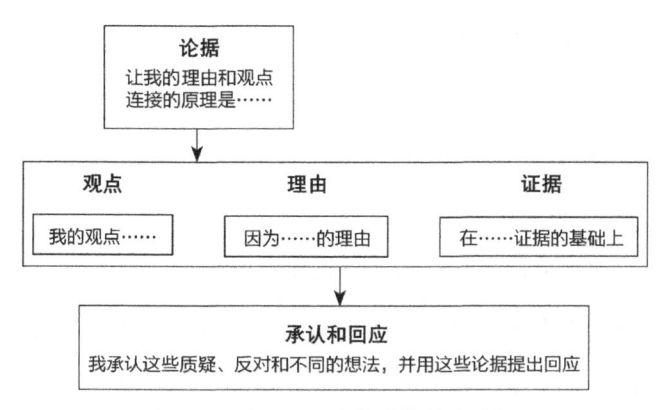

图 1.2 论证五要素构成的基本论证

注：笔者对原图作了修改。
资料来源：布斯，卡洛姆，威廉姆斯. 研究是一门艺术 [M]. 陈美霞，等，译. 北京：新华出版社，2009：106-114.

熟悉这个基本论证，有助于形成清晰的论证思路和养成清晰的批判性思维。具体内容将在本书第六章进行详细介绍。

五、研究结论

研究结论是文章的重要组成部分，可以说，没有研究结论，文章就没有存在的必要了。研究结论是毕业论文的终点，是研究问题的最后回答，是论文的点睛之笔，要与选题阶段的研究问题相呼应。

并非每一篇毕业论文都有形式上称为结论的章节，但一般都会有一两段文字作为结论。研究结论通常包含以下内容：

以主要论点开始，对前文主要观点的陈述；
陈述观点时，加上新的重要意义和应用；

加上对更多研究的呼吁。❶

六、写作规范

毕业论文的规范性是学位论文评议要素中重点考察的一项指标，也是评阅专家评阅过程中最难容忍的底线问题，包括写作基本规范、语言文字表达、引文格式、学术道德等问题。毕业论文写作规范，就是要求论文不仅写作表述要规范，而且分析与研究也要规范。毕业论文写作规范的意义和价值，在于为人们提供"理论上和方法上的信念"，因此你从研究构想一开始就应该明白哪些是很明显的"你不可以"：

有道德的研究者不会抄袭或剽窃他人的研究成果。

他们不会虚报数据或捏造结果。

他们不会拿出正确性可疑的资料，除非他们自己质疑。

他们不会隐瞒无法反驳的反对意见。

他们不会嘲讽或曲解反对的观点。

他们不会破坏或隐瞒对后续研究者而言很重要的资料。❷

---

❶ 布斯，卡洛姆，威廉姆斯.研究是一门艺术[M].陈美霞，等，译.北京：新华出版社，2009：224-225.

❷ 同❶277-278.

第四节　一篇毕业论文的诞生

毕业论文的诞生过程，既是学生获得学位的过程，也是训练和提高学生研究能力的重要方式和手段。毕业论文从选题、开题、写作到通过答辩，一般要经过若干环节。通过规范毕业论文撰写与答辩流程，有助于培养单位、导师和学生依照流程完成毕业论文工作的各个环节，有效保证毕业论文质量。

一、选题和开题

本阶段，学生应及时与导师沟通，讨论毕业论文的方向与选题。一般需考虑导师的研究领域或专长，结合自身学习、实习经历和个人兴趣，选择并确定毕业论文题目；根据培养单位要求，由学生填写开题报告（一般包括选题背景、文献综述、问题提出、研究方法、论文大纲等），并经导师签字认可后，由培养单位或导师组织3～5名专家召开论文开题会，作出是否同意其开题的结论。不同培养单位一般会制定细化的要求，如贵州大学公共管理硕士（MPA）学位论文开题评价依据为如下内容。[1]

1. 评级等级

请依据下表中的评价要素，在评价等级栏对每个分项按合格、基本合格、重大修改、不合格四档进行评价。

---

[1] 贵州大学公共管理硕士（MPA）研究生入学手册编写组编写。

贵州大学 MPA 学位论文开题评价表

评价指标	评价要素	评价等级
选题与综述	研究的理论意义、现实意义； 对本学科及相关学科领域发展状况和学术动态的了解程度	
创新性及论文价值	论文提出的新见解所具有的价值； 论文的理论创新； 论文提出的政策建议对我国公共管理相关领域的发展产生的影响和作用	
科研能力与基础知识	论文体现的理论基础的扎实程度； 本学科及相关学科领域专门知识的系统性； 分析问题、解决问题的能力； 研究方法的科学性，引证资料的翔实性，论文研究的深入程度	
论文规范性	引文的规范性，学风的严谨性； 论文语言表达的准确性，结构的严谨性，推理的严密性、逻辑性	

2. 总体评价

请给出总体评价结果_____。

注：确定为"合格"等级的，可直接通过开题答辩；确定为"基本合格"的，修改后须请导师审核同意，并注明已按意见修改，方可上传开题报告；确定为"重大修改"的，修改后须经开题答辩专家组组长审核同意后，方可上传开题答辩；确定为"不合格"的，需再次开题。

3. 备注说明

凡是开题报告出现下列任意一个问题，即可被判定为不合格，需要重新开题。

①选题不符合 MPA 专业要求；

②题目过大、过难，研究方案不具有可行性；

③开题报告内容不全，要件缺失；

④研究内容结构混乱，逻辑不清楚。

二、毕业论文写作与中期检查

在论文开题基础上,进一步对中外文文献进行深度梳理,开展实地调查,搜索、收集数据,撰写论文初稿;在论文计划进度过半时,由培养单位组织 3~5 名专家对学生的毕业论文进展情况进行中期检查,了解学生毕业论文进展及存在的问题,提出改进、完善的建议。检查内容包括学生的论文工作进展情况、取得的阶段性成果、存在的问题、与预期目标的差距等。

三、导师审查论文、定稿、预答辩

导师拥有对学生毕业论文质量把关的权利和义务。导师认为学生论文达到质量要求时,可同意学生论文定稿。

学生按照毕业论文基本要求完成毕业论文初稿,由培养单位组织专家对学生毕业论文进行预答辩(是否组织预答辩,按培养单位和学位点要求执行),做出是否同意其继续后续研究的结论,并对学生毕业论文中存在的问题提出修改意见。

四、修改、定稿

学生针对论文存在的问题进行修改,进一步完善毕业论文。定稿环节学生应认真审视论文题目及文题是否相符,核实数据,厘清层次,修饰语言和规范格式。预答辩和正式答辩的间隔时间一般为一周到三个月。

五、查重与送审

论文查重，即论文重复率检测。按照培养单位的规定，对定稿后的毕业论文进行形式审查和查重。

论文送审（评阅）。论文作者签署不违反学术道德承诺书，由培养单位将通过审查的论文提交专家进行答辩前的评审，并作出是否同意其参加论文答辩的结论。

六、正式答辩

毕业论文正式答辩由培养单位组织 3～5 名专家（研究生论文答辩专家必须含校内外专家，部分专业学位研究生论文答辩必须含实务部门专家）组成答辩委员会，对通过评阅的学位论文进行正式答辩，并由答辩委员会作出毕业论文是否通过答辩的决议。如贵州大学 MPA 学位论文评分标准如下。❶

1. 分项评价

请依据评价要素，在评价等级栏对每个分项按优秀、良好、一般、较差四档进行评价。

2. 总体评价

请给出百分制总评成绩。

注：100～90 分为优秀；89～75 分为良好；74～60 分为一般；60 分以下为较差。

---

❶ 贵州大学公共管理硕士（MPA）研究生入学手册编写组编写。

贵州大学 MPA 学位论文评价

评价指标	评价要素	评价等级
选题与综述	研究的理论意义、现实意义；对本学科及相关学科领域发展状况和学术动态的了解程度	
创新性及论文价值	论文提出的新见解所具有的价值；论文的理论创新；论文提出的政策建议对我国公共管理相关领域的发展产生的影响和作用	
科研能力与基础知识	论文体现的理论基础的扎实程度；本学科及相关学科领域专门知识的系统性；分析问题、解决问题的能力；研究方法的科学性，引证资料的翔实性，论文研究的深入程度	
论文规范性	引文的规范性，学风的严谨性；论文语言表达的准确性，结构的严谨性，推理的严密性、逻辑性	

3. 综合评价

请给出您的评审意见（请对论文的学术水平、创新性作出简要评述，包括选题意义、论文创新点、学科知识的掌握、写作规范性和逻辑性等）。

4. 凡出现下述情况的，可以对学位论文进行一票否决：

（1）选题不符合公共管理学科范围；

（2）论文题目和主要研究内容不匹配；

（3）论文写作存在严重质量问题（包括但不限于：①研究方法不当；②缺乏必要的研究基础资料；③伪造调查数据；④研究的框架结构严重不合理；⑤论文的规范性存在严重问题）。

七、提交论文存档与授予学位

通过答辩的毕业论文，由学生按照规定时间提交培养单位教务管理部门存档。需要适度修改的论文在修改后提交存档。论文存档后将提交给培养单位学院、学校两级学位委员会会议。通过培养单位学位委员会会议的论文申请人，由培养单位授予学位。

本章要点

* 毕业论文是本科、研究生等不同层次学历教育为本专业学生集中进行科学研究训练而要求学生在毕业前撰写的论文。

* 毕业论文通常具有学术性、创新性、专业性、科学性、规范性和凝练性六大特征。

* 论文撰写基本要求包括三个方面：一是理论联系实际；二是研究方法规范；三是写作有章可循。

* 一篇规范的毕业论文包含的基本要素有六个：论文选题、文献综述、研究设计、分析论证、研究结论、写作规范。

课后实践

* 阅读自己学科的毕业论文并分析其基本要素。

第二章　毕业论文选题与开题

> **启发式问题**
>
> 选题的含义是什么?
> 确定选题的原则与方法有哪些?
> 毕业论文选题应注意的问题有哪些?

　　写过论文的应该都明白选好论题的重要性，可以说"选一个好的论题，相当于论文就完成了一半"。因此，论题选定在整个论文写作环节中还是较为重要的环节。很多学生在选论题的时候往往一拍脑袋，全凭眼缘地确定论题，结果总是会被导师以"论题太大"为由而否定，或者在正式写作的时候出现各种状况导致论文写不下去。

第一节 论文选题的概念与关键要素

选题是论文写作的中心，选题本身就是一种科学研究。从某种意义上来说，选题既是科学研究工作的起点，又是科学研究的成果。选题新颖得当，研究成果可能会有很大的社会效益和经济效益；如果选题不当，研究工作就会走弯路，甚至半途而废。选题是毕业论文工作程序各个环节的总纲，是一篇毕业论文成败的关键。

一、论文选题的概念

所谓选题，顾名思义，就是选择毕业论文的论题，即在写论文前，选择需要研究论证的问题。在论证问题时，应当清楚"课题""论题""题目"三个概念。这三者同属某一学科的学术问题，但又有所区别。

论题不同于课题。课题通常是指某一学科重大的科研项目，它的研究范围比论题大得多。例如，社会主义精神文明建设就是一个大课题，其中包括许多论题，如精神文明的地位和作用，精神文明的内容和特点，物质文明和精神文明的关系，精神文明中的文化、教育、科学的发展，思想道德的建设等。

论题又不同于题目。题目是指论文的标题，它的研究范围一般比论题要小。选题的过程一般是先选课题，然后从课题中选出论题，最后从论题中确定题目来进行研究与写作。当然，有时作者会先确定题目，之后再确定该题目属于哪个论题、哪类课题，以便于以后资料的查找，从而确定该题目是否可以进行写作。

二、论文选题的关键要素

（一）研究问题

有了确定的研究对象后，就可以对所研究的问题进行拓展。那么这个问题是什么？很多人容易将它忽略。所研究的问题对文章整体来说是至关重要的，不仅会指导你去搜索相关的文献资料，还决定你要用哪种研究方式，收集哪方面的研究数据等。因此，所研究的问题要清晰，不要太多，两三个就差不多，否则或者没什么写的，或者过于宽泛。

（二）研究对象

所谓的论文研究对象就是作者选题的方向，很多作者在选择的时候可能会有顾虑或者不知道该选什么。其实对于研究对象的选择是非常容易的，有好几种方法：比如根据自己的兴趣爱好、知识背景选择，有兴趣才能更好地完成写作；或者在自己所熟知的领域选取当前的热点问题进行研究；或者根据当前国内外的研究现状和已取得的成果进行创新；又或者选择本领域还没有解决的问题，其他领域先进方法的引入等。这些方法都是可取的，如果还是不确定的话，还可以请教身边的同学朋友，很可能有很好的建议。

（三）确定研究视角

研究视角就是体现你所在专业领域的专业性，因为不同领域的论文方向也是不同的。在专业领域进行写作，只有体现出知识理论的专业性，才能够说服读者，因此应尽量地将问题表达得非常简洁、准确、规范，这也意味着专业术语也要用得多。

第二节 论文选题的原则

一、专业性原则

选题必须符合专业培养目标和教学基本要求，体现专业基本训练内容，在满足学生综合运用所学专业理论知识的基础上，重视基本技能的训练，使学生接受全面的科研和专业基本训练。撰写毕业论文是检验学生运用自己所学专业知识分析问题、解决问题能力的手段。学生的专业知识学得越扎实，研究问题就越深入，论题的选择就越有价值。因此，在进行毕业论文选题时，一定要联系自己所学的专业，不偏离所学的专业。当然，毕业论文的选题大多是在指导教师的指导下，参照学校给各专业指定的选题范围或参考题目进行确定或选择的。学生可能会与指导教师沟通，选择既有现实意义又与自己所学专业紧密结合的论题。脱离了所学的专业，就失去了毕业论文写作的意义。在本专业领域确定的选题，可以充分利用所学知识，创造性地进行发挥。

二、有用性原则

在学术领域，只有具有一定价值的学术作品，才具有生命力。同其他类型的产品一样，学术作品需要在实际生活中满足人们的需求，即它必须有用。具体而言，学术作品要能够帮助人们更好地认识和理解这个世界，为改变世界奠定知识基础。

选题之前，你可以问一问自己：会不会至少有一个读者因为我的研究而受益？大家可能都读过费孝通先生的《江村经济》，这本书是费孝通先生的博士论文和成名作。在今天看来，这本书非常简单，但为什么当年会引起那么大的学术轰动？有一个原因是当年英文世界的读者对于中国农村的实际状况所知甚少，这本书对中国农村的描述与分析，为海外学者了解和研究中国农村提供了不可替代的范本。这种不可替代性或者较低的替代性就是学术作品的"卖点"。

毕业论文的题材十分广泛，社会生活、经济建设、科学文化事业等各个方面、各个领域的问题，都可以成为毕业论文的题目。马克思主义认识论告诉我们，理论来源于实践，理论为实践服务。科学研究的选题首先要注意理论联系实际。

（一）注意选题的实用价值

所谓毕业论文的实用价值，就是指选题应是与社会生活密切相关、为千百万人所关心的问题，特别是社会主义现代化建设事业中亟待解决的问题。这类问题反映着一定历史时期和阶段社会生活的重点和热点，是与广大人民群众的利益息息相关的。学生运用自己所学的理论知识对其进行研究，提出自己的见解，探讨解决问题的方法，这是很有意义的。这不仅能使自己所学的书本知识得到一次实际的运用，而且能提高自己分析问题和解决问题的能力。

（二）注意选题的学术价值

强调选题的实用价值，并不等于急功近利的实用主义，也绝非提倡选题必须有直接的效益作用。一般说来，论文由论点、论据、论证三大要素构成，要在事实的基础上进行严谨的推理，得出令人信服的结论。它着重探讨和研究事物发展的客观规律，阐述作者对这些规律的了解与认识，给人以认识上的启迪。因此，选题时还要考虑其有无理论和认识上的价值，即有无普遍性的意义，能不能进行理论的分析和综合，从个别上升到一般，从具体上升为抽象。有些题目也并不一定直接与现实挂钩或有直接的实际用途，如对历史问题、典籍问题、外国问题的研究等。但从发展的角度看，这些题材能够揭示某种趋势，或对现实有借鉴的作用，因而也就具有理论价值，这样的题目当然也是可以选的。

三、可行性原则

（一）知己知彼，量力而行

毕业论文是对学生学习知识与成果的综合性考核，选题的方向、大小、难易都应与其知识积累、分析问题和解决问题的能力、写作经验相适应，要做到知己知彼。所谓知己，就是首先要充分估计自己的知识储备情况和分析问题的能力，如果觉得综合分析一个大问题比较吃力，那么题目就应定得小一些，便于集中力量抓住重点，把某一问题说深说透；此外，要充分考虑自己的特长和兴趣，在选题时，要尽可能选择那些能发挥自己的专长且学有所得、学有所感的题材。所谓知彼，一是要考虑是否有资料或资料来源，资料是论文写作的基础，没有资料或资料不足就写不成论文，即使勉强写出来，也缺乏说服力；二是要了解所选课题的研究动态和研究成果，大致掌握写作中可能遇到的困难，以避免盲目性和无效劳动。只有做到知己知彼，才能保证选题的可行性。

（二）难易适中，大小适度

首先，选题的难易要适中。选题中既要有知难而进的勇气和信心，又要做到量力而行。如果题目难度过大，超过了自己所能承受的范围，一旦盲目动笔，很可能陷入中途写不下去的被动境地，到头来迫使自己另起炉灶、更换题目，这样不仅造成了时间、精力的浪费，而且也容易使自己失去写作的信心。其次，题目的大小要适度。一般来说，题目宜小不宜大、宜窄不宜宽。题目太大把握不住，考虑难以深入细致，容易泛泛而论。根据自己的能力水平，大题可以小作，小题也可以大作，这要根据作者的实际来加以确定。最后，选题还应注意千万不能随大流或者赶时髦，写自己并没有弄懂或没有条件研究的问题。如有的学生接触到一点国外的材料，收集到几个新名词、新概念，为了"求新"，为了一鸣惊人，就把别人的东西照搬过来，囫囵吞枣，东拼西凑，这样的毕业论文当然是写不好的，选题时要引以为戒。

四、创新性原则

创新是学术研究的不竭动力，研究选题也需要创新。理论上，任何选题都有创新的可能性，因此，从哪一个角度切入选题，是一个非常重要的问题。选题的创新与传承是相辅相成的，选题的创新往往建立在传承的基础之上，很多优秀的选题往往是"旧瓶装新酒"，或者是"新瓶装旧酒"。"旧"并不一定是不好的，有时候，旧的仍然有人在用，就说明它仍有学术价值。

例如，礼物研究是一个人类学的经典议题，从莫斯、马林诺夫斯基，到阎云翔、杨美惠，人类学对于礼物的探讨从未中断。中山大学余成普副教授的博士论文继承了礼物研究传统，通过礼物视角审视血液捐赠问题，将之称为"生命的礼物"。

毕业论文成功与否、质量高低、价值大小，很大程度上取决于文章是否有新意。所谓新意，即在毕业论文中体现自己的新看法、新见解、新观点。有了较新颖的观点，毕业论文就有了灵魂，有了存在的价值。关于毕业论文的新意，可以从以下几个方面着手。

（1）从观点、题目、材料到论证方法全是新的。这类毕业论文写好了，价值较高，社会影响也大，但写作难度大。选择这一类题目，作者须对某些问题有相当深入的研究，且有扎实的理论功底和写作经验。对于毕业论文写作来讲，限于条件，选择这类题目要十分慎重。

（2）以新的材料论证旧的课题，从而提出新的或部分新的观点、看法。

（3）以新的角度或新的研究方法重做已有的课题，从而得出全部或部分新观点。

（4）对已有的观点、材料、研究方法提出疑问，虽然没有提出新的看法，但能够启发人们重新思考问题。

五、公共性原则

米尔斯在《社会学的想象力》中告诫后来者：学术研究一定要区分个人困扰与公共议题。学术的生命力在于其公共性。用北宋张载的话来说就

是:"为天地立心,为生民立命,为往圣继绝学,为万世开太平。"❶

一个男生向心仪的女生告白,失败了。假如你写一篇文章来解释告白何以失败,尽管可以写得非常出彩,但是它最多解决了男生的个人困扰。假如你写一篇文章来回答男女婚姻市场为什么结构失衡,那么,它就是一篇解决公共困扰的文章了。两相比较,后者的学术价值自然更高。研究选题最好是众人关注之事,选题越受众人关注,回答得越好,则越能够造福社会。

如何将选题做得更有公共性?可以借鉴涂尔干的经典著作《自杀论》。它的研究对象不是一个一个的自杀案,而是自杀率,研究不同群体、国家的自杀率及其社会变化,进而探究人与社会的关系。自杀可能是个人问题,但是自杀率却一定是公共问题。

六、经验性原则

选题不仅应具备公共性,还应具备经验性。研究者应该选择那些具有个体独特生命体验和领悟的题目,只有具备个体经验的支撑,研究才能做得新颖、深入并有价值,也才能够有持久的内在动力。

很多研究者试图选择一个宏大、时兴的主题。但是研究者在选择它们之前必须有一个清醒的认识:自己是否有相应的经验支撑?如果没有,是否可以通过调研等方式加以补充完善?没有调查,就没有发言权。缺乏经验支撑的选题,不论大小,都易走空,最后做出来的成果也难深入、不新颖,甚至连自己都不能说服。

选题者不妨回顾自己的生命历程,选择那些与自身经验血脉相连的主

---

❶ 张载. 张载集·张子语录·语录中[M]. 北京:中华书局,1978:320.

题。这样，你的研究才会有血有肉有个性，也才能做得更深、走得更远。

七、前瞻性原则

研究是滞后的，也是超前的。由于研究过程往往比较漫长，学术传播也难一蹴而就，因此，选题最好对其研究前景进行预判，选择那些将来有可能成为主流、前沿的选题。陆学艺教授对此有一个生动的比喻：选题就像公鸡打鸣，先叫的那一个最能获得关注。因此，选题者要有一定程度的学术前瞻力。

研究选题最好不要扎堆热点，拾人牙慧。比如，如果现在再以嵌入性、社会资本来作为博士论文选题，基本上已经很难推陈出新了。选题者应该立足学术前沿，极目远舒，判断并选择一个将来更有可能受人关注的选题。学术前瞻力的养成并非一日之功，需要多年的读书、思考、交流。作为新人，最好的办法有三条：多读书、多讨论、多请教。

第三节 拟定论文选题的方法

最有价值的知识是关于方法的知识。要做好毕业论文的选题工作，仅了解选题的原则是远远不够的，还需要了解和掌握拟定选题的具体方法。

一、浏览捕捉法

浏览捕捉法是通过对现有的论文资料快速、大量地阅读，在比较中来确定题目的方法。浏览，一般是在资料占有达到一定数量时集中一段时间进行，这样便于对资料做集中的比较和鉴别。浏览的目的是在咀嚼消化已有资料的过程中，提出问题，寻找自己的论题。这就需要对收集到的材料进行全面阅读研究，主要的、次要的、不同角度的、不同观点的材料都应了解，不能先入为主，不能以自己头脑中原有的观点决定取舍，而应冷静地、客观地对所有资料认真分析、思考，从内容丰富的资料中汲取营养，反复思考之后就会有所发现，然后再根据自己的实际情况确定论题。

具体步骤如下。首先，要广泛浏览材料。在浏览中勤做笔记，随时记下资料的纲目，记下资料中自己印象最深刻的观点、论据、论证方法等。一定要有目的、有重点地摘录。其次，要将阅读所得到的各方面的内容进行分类、排列、组合，从中寻找问题、发现问题。最后，要将自己在研究中的体会与资料分别加以比较，找出哪些内容在资料中没有，哪些资料虽然已有，但自己有不同的看法。经过深思熟虑，就会逐渐萌生出自己的想法。

二、拟想验证法

拟想验证法，是以主观的拟想为出发点，沿着一定方向对已有的研究成果步步紧跟，从中获得自己想法的过程。但这种主观的拟想不是凭空想象，必须以客观事实、客观需要为依据。它要求学生先有一种拟想，然后再通过阅读资料加以验证来确定选题。学生应该先有自己的主观论点，即根据自己平时的积累，初步确定准备研究的方向、题目或选题范围。这种选题方法应注意：看自己的拟想是否与别人重复，是否对别人的观点有补充作用。如果自己的拟想虽然别人还没有谈到，但自己尚缺乏足够的论据来加以论证，那就应该中止，重新构思。要善于捕捉一闪之念，抓住不放，深入研究。在阅读文献资料或调查研究中，有时会突然产生一些思想火花，尽管这种想法很简单、很朦胧，也未成形，但千万不可轻易放弃。

三、知识迁移法

大学生通过大学阶段的学习，对某一方面的理论知识应该有一个系统的理解和掌握。这是对旧知识的一种延伸和拓展，是一种有效的更新。在此基础之上，学生在认识问题和解决问题的时候就会用所学到的新知识来感应世界，从而形成一些新的观点。理论知识和现实的有机结合往往会激发学生思维的创造力和开拓性，为毕业论文的选题提供一个良好的实践基础和理论基础。

四、关注热点法

热点问题就是现代社会中出现的能够引起公众广泛注意的问题。这些问题或关系国计民生，或涉及时代潮流，而且总能吸引人们注意，引发人们思考和讨论。在平时的学习中，大部分学生会关注国际形势、时事新闻、经济变革乃至科学领域的一些发现。选择社会热点问题作为毕业论文论题是一件十分有意义的事情，不仅可以引起指导老师的关注，激发阅读者的兴趣和思考，而且对于现实问题的认识和解决也具有重要的意义。另外，社会热点涉及的方面广、资料多，方便学生收集材料，从文献搜集角度为学生完成毕业论文提供了便利。

五、调研选题法

调研选题法类似于关注热点法，但其涉及的一部分是社会热点问题，也有一部分不是社会热点问题。社会调研的课题主要包括与经济和社会发展密切相关的一些社会问题，也包括与广大的人民群众生活密切相关的生产生活问题。社会调研可以帮助我们更多地了解所涉问题的历史、现状及发展趋势，对问题的现实认识将更为清晰，并可就现实问题提出一些有针对性的意见和建议，也达到了写毕业论文的最终目的——为社会服务。在调研中，可将收集的一手资料进行整理分类、分析研究、去粗取精、去伪存真，最终上升到理性的认识，确定自己的选题。

第四节 确定选题与标题的拟定

一、选题要恰当

毕业论文写作，选题是关键，在学习撰写毕业论文时首先应该学会如何选题。在确定毕业论文的选题时，应注意选题要恰当。题目要大小适中，对实际工作有一定指导意义，应结合当前科技和经济发展，尽可能选择与社会发展及实际工作相结合的题目。如果一个题目太小，则不利于展开理论上的探讨。例如，"储蓄柜台客户填表制度的废除"就是一个十分具体的小选题，做一篇2000～3000字的小型论文就可以将这种制度上的变革目的和效果讲述清楚，但是拿它来做一篇毕业论文就显得小题大做了。这种具体业务做法上的些许改变，其意义一般不是太大。反过来，如果一个选题太大,则不利于抓住重点、展开论述。这样,撰写论文时就无法落笔,往往是什么都涉及一点,但什么都不深入、谈不透。一个恰当选题的着眼点应是十分清楚的。例如,学生对某个方面的问题可能有不同的见解,有一些因素使得他不能一下子得出结论,需要做一些分析才能看出结果;对于某个问题,如果站在不同的角度,得出的结论也不同。这些问题适合写一篇1万余字的毕业论文,也是学生尝试用自己的知识分析问题、解决问题的好题目。

二、选题以探索的问题为基础

毕业论文主要是反映学生对问题的思考,如果学生对问题了解甚少或几乎没有什么感想,那么,要挖空心思讨论一个问题就难了,因为他不知道到底应该持有什么样的见解才是对的。假如学生对一个问题已经有一定的观察和思考,那么,剩下来的事就只是将能够支持其感想的一些理论和事实数据找出来加以整理,用以支持和表达其论点。俗话说:"有话则长,无话则短。"一篇论文没有一点自己的感受是很难写成的。有一个获得自己观点的案头方法,即先大量阅读某个方面的学术文章,看别人在这方面有些什么见解,一边看一边将自己的感想记录下来,经过一定的阅读就会在这方面积累相当多的知识,自己的见解也可能慢慢形成。有时候学生可能对一些观点有所怀疑,不妨将自己的怀疑提出来,用事实去分析它们是否合理,通过对不同的观点所依据的条件的对比分析,就可以找到一些依据,证明自己的怀疑是否成立,这本身就是一种论证过程,写出来就是一篇好文章,所谓大胆假设、小心求证,就是如此。

三、选题应与自己所学专业相关

选题应符合专业培养目标和教学要求，以学生所学专业课的内容为主，不应脱离专业范围，要有一定的综合性，具有一定的深度和广度。例如，金融学专业的学生，毕业论文必须在与专业有关的方向上选题，可以选金融与数学交叉性的论题，但是，完全不相关的论题则不符合要求。又如，语言学专业的学生，可以做语言学与计算机专业的交叉研究，但一定要注意不要模糊了焦点。

四、要拟一个好的标题

标题即毕业论文的名字。毕业论文的标题是毕业论文的眉目，应仔细推敲，尽可能从各个角度充分考虑，选择最合适的。一个好的标题应是确切适宜、简洁明白、醒目引人的。标题不可过长，尽量在 20 个字以内。常用的拟标题的方法有四种：一是直接揭示或概括主题；二是引人注意；三是形象化暗示主题；四是直接指明主题的所属范围。

五、选题应鼓励学术创新

在进行毕业论文的选题时，应避免选择已经完全得到解决的常识性问题。选题要注意与时俱进，鼓励解决实际问题。当然，一些讨论的热点问题也会随着社会的发展、人们观念的变化和知识水平的提高，重新被放到桌面上来进行探讨。选择诸如此类的问题进行研究，可以发表自己的主张，提出自己的观点。写作时，可以从批判别人的观点入手，逐渐生发下去，不断深化自己的认识，达到完善自己观点的目的。

六、标题命名的常见问题与优化

论文题目通常由自己确定，要有新意，有自己的创见，有一定的研究价值。可找自己认为比较好写的题目，最好联系自己实习的项目；或者参与的课题研究等，就某一方面的内容进行书写。常见的标题命名问题和优化方法如下。

（一）标题过大或过小

好的论文题目可以让读者知道该论文所要探讨的大概方向。例如，"'5·12'大地震对中国经济结构的影响"就比"'5·12'大地震后的省思"要适合作题目。

论文标题的命名要简单明了，让读者看到就知道你要写的是什么，你的主题是什么，你的研究对象是什么，研究的问题必须小而具体，让人一目了然。例如，"课堂教育有效性研究"这个题目读者能够知道研究的大概方向，但是课堂教育这个概念太大，课堂包括小学课堂、中学课堂、大学课堂等，那么究竟是指哪一种课堂呢？于是我们将这一题目进一步细化，改为"小学课堂教育有效性研究"这个题目，相比之前进一步明确了研究范围。但是小学课堂教育又包括"语文、数学、英语、思想政治"等课程，所以这里还不够明确，于是我们进一步细化，改为"小学语文课堂教育有效性研究"，这样能够让读者清楚和明确论文想要研究的内容。

（二）标题过长，用词不合理

中文论文题目以不超过20字为原则。过长的题目容易缠夹饶舌，令人抓不住要点。下面几个题目都简明易懂，是合适的论文题目。

全媒体时代公共危机应对策略：以"贵州发布"政务微信为例

老城厢旧改的"西天取经"漫长路——上海 H 区 F 小区十年旧里改造多元协同路径探索

政策弹性与执行能力的互动影响：精准扶贫专项贷款政策如何从"失准"到"精准"

基层大数据运用缘何不显"天赋"反"添负"？——南新市苍霞社区"指尖上的形式主义"考察记

在定题目时不要重复使用同一词语，要用专业名词，用词要准确，要注意题目不要烦琐，少用、慎用"基于""鉴于""浅析""的""之""中"等字词，这样只会增加题目长度，并无必要。题目中还应少用或尽量不用数学符号和希腊字母等特殊字符。请看几个例子（表 2.1）。

表 2.1　不同题目的对比 1

原命名	修正后
"9·21"大地震对台湾经济结构的影响之研究	"9·21"大地震对台湾经济结构的影响
易地扶贫搬迁中移民社会适应的问题分析——以正安县瑞新社区为例	易地扶贫搬迁中居民社区融入问题研究——以正安县瑞新社区为例

如果一般长度的题目不足以完全表达论文的主题，又为了避免题目太长太饶舌，就可以在原有题目外，加上一个副标题（表 2.2）。

表 2.2　不同题目的对比 2

原命名	修正后
以朗香教堂和中国馆为例看建筑与存在的关系	建筑与存在——以朗香教堂和中国馆为例看中国当代建筑本质的回归
基于铜仁市松桃县的易地扶贫搬迁安置点居民的满意度调查	易地扶贫搬迁安置点居民满意度调查研究——以铜仁市松桃县为例

（三）标题中标点符号的用法

标题是论文的眼睛，要求简洁明了、新颖别致、醒目夺人。一个好的论文标题往往能达到先声夺人的艺术效果。在阅读时，会发现一些论文的标题大量使用标点符号，那么论文标题中能不能用标点呢？标点符号有表形功能（语法功能），又有表意功能，那么它在标题中也应如此。因此，论文标题中运用标点符号是可以的，但在标题中标点符号的运用比较复杂，以下几种情况一般要用标点。

（1）标题中引用成语、术语、歇后语、诗句及名人名言时要用引号强调突出。

如："我不是一只小小小小鸟"——媒体参与城市治理的 N 市实践与反思

（2）标题中有特定含义的词语、专名、简称要用引号表明，由疑问句构成的标题后面可用问号。

如：以"共治"求"善治"——龙门县乡村社会治理共同体的构建路径

教育是中国社会的"平等器"吗？——基于 CHNS 数据的实证分析

基层大数据运用缘何不显"天赋"反"添负"？——南新市苍霞社区"指尖上的形式主义"考察记

赋能 or 负能？乡村治理的技术运行之道——以浙江省 F 镇"四个平台"为例

通过以上几篇范文的标题我们可以看出，在论文标题中较少出现的标点符号是句号和逗号。标题中是不能出现句号的，一些作者会在标题中使用逗号，但建议尽量不要在标题中使用逗号。因为在标题中用逗号，很容易给人造成一种这个地方用的标点可能有问题的感觉。使用比较多的标点是破折号和引号,其次是冒号和顿号。

第五节 教师定题与自主选题

一、教师定题

传统的选题方式是以教师定题为主,即由教师主动提出题目,学生被动地接受选题。这类题目是由各专业教师根据本专业对学生的培养目标和该专业毕业论文大纲的要求而提出的。题目可能是生产实际中的选题,也可能来源于教师的科研课题,还可能来源于实验室建设的题目。但不论是哪一类题目,一般由指导教师提出,经教研室审定同意后,以毕业论文任务书的形式发给学生,学生按照老师的指导,完成预定的题目。

目前,很多学校采用"双向选择"的形式确定选题:学生和指导教师互相同意时选题成功。其操作步骤为:①学生选择自己感兴趣的题目和中意的指导教师;②电话联系该教师,询问该教师是否愿意指导自己做该题目的毕业论文;③若教师同意,学生则发送"班级 + 姓名 + 学号 + 题目"等信息给指导教师,指导教师确认备案后,则选题成功;④若教师不同意,则学生重复上述步骤重新选题。

二、自主选题

多数大学生对社会和未来发展趋势的观察比较成熟,在大学期间接触社会和未来职场的机会也比较多,在毕业论文选题时也愿意自己定题目。

根据专业培养目标和学生毕业后的从业情况，为了充分发挥学生的积极性和创造性，培养学生独立分析和解决实际问题的能力，建议自主选题。

根据部分高校的经验，在确定选题时，往往按照以下步骤进行。

①在毕业论文工作开始前两三周内对学生的毕业分配去向进行摸底，并让每个学生提出自己对题目的特殊要求。

②把对学生的调查、摸底情况及时向教师通报，以使教师选定的题目尽可能与学生的要求合拍，并要求题目的数量多出学生人数 1/3 以上，以供学生挑选。

③把教师选定的题目汇总，经教研室全体教师讨论审定后交到学生班级，让学生自选。

④对于提前与教师一起从事科研确定的题目，或实验室建设方面的题目，经教研室认定后可作为毕业论文的题目，学生继续沿原计划进行下去，指导教师填好毕业论文任务书，上交教研室。

⑤因故中途停止的题目，由学生根据实际情况改动题目，经教研室审定后也可列入毕业论文的题目，由原来的指导教师进行指导。

第六节　如何写开题报告

前面我们讲了如何选题，接下来，我们就来讲一下如何根据选题撰写开题报告。开题是很多研究的第一步。开题其实就是项目选题的落实与研究项目的开始。经过选题的策划，你已经明确了研究目标，知道需要研究的对象是什么，这时候，你得有一个研究计划，开题报告就是你的研究计划。很多人申请去国外读博士学位，或者开始研究生论文写作，或者开展项目研究，都需要开题。

好的开始是成功的一半，一个好的研究，一般源于一个好的开题。选题价值是非常重要的一个要素。学生写作论文的很多痛苦来源于开题时选择了一个错误的研究题目，没有找到有价值的研究题目。在谈论如何写开题报告之前，先讲一下开题报告的精髓。

一、开题报告就是一份投资规划书

很多人对于开题报告不是很了解，尤其是第一次开题的学生，往往将开题报告想象得非常神秘、晦涩。其实，你只要将开题报告理解为一份投资规划书即可。

开题，说白了，就是你要获取开题专家对你的选题及其研究计划的认可。这很像是一个刚刚做出来一点眉目的小公司，向众多风险投资者进行融资。你想让风投掏钱买单，就得先说服他们，不然人家为什么把钱给你融资？

要想人家给你投资，你就得向他们说明三个问题。第一，你的项目是值得投资的，也就是说，你的项目是有价值的。第二，你的项目相比于其他的项目有何独创性价值？如果你的项目人家都已经做好了，例如，你做一个和微信类似的项目，尽管这个项目很有价值，但是人家肯定不会投钱给你。你得说明你的研究与其他项目有何不同，也就是说，你的项目是具有独创性的，只有这样，人家才愿意投资。第三，你得进一步说明，你有办法把这个项目做出来，也就是可行性问题，不然，尽管你的很多项目都有独创性，可是没有现实操作性，人家也不会投资给你。说到底，你得有盈利手段，这样，你的项目才是值得投资的。

同样，开题是一个研究规划，研究不能无目的地开展，尤其是一些项目的开题,必须能够确保立项,你的这个研究才不是在做无用功,而是一个值得做、能够做的研究。因此,你的开题报告也要向开题专家回答以上三个问题。

什么叫开题报告?为什么要开题呢?开题的目的就是向这个领域的专家进行论证:你的研究是值得做的,你的研究非常有独创价值,你的研究具有可行性。

二、开题报告的三个要素

我们先来看一个开题报告表范例。

XX 大学本科生毕业论文(设计)开题报告

论文(设计)名称					
论文(设计)来源		论文(设计)类型		指导教师	
学生姓名		学号		班级	
一、研究或设计的目的和意义:					
二、研究或设计的国内外现状和发展趋势:					
三、主要研究或设计内容,需要解决的关键问题和思路:					
四、完成毕业论文(设计)所必须具备的工作条件及解决的办法:					
五、工作的主要阶段、进度与时间安排:					

六、阅读的主要参考文献及资料名称：
七、指导教师意见和建议： 　　　　　　　　　　　　　　指导教师（签字）：＿＿＿＿＿＿　年　月　日

说明：1. 论文（设计）类型：A. 理论研究；B. 应用研究；C. 设计等。
　　　2. 论文（设计）来源：指来源于科研项目、生产／社会实际、教师选题或其他（学生自拟）等。
　　　3. 各项栏目空格不够，可自行扩大。

　　这个开题报告表看上去非常复杂，但是其实只包含三个要素，即论文选题的意义及创新点、国内外相关文献掌握程度、研究方法的先进性与论文总体设计的科学性。这三个部分也就是上文所说的三个问题的具体呈现。归纳起来，这三点就是选题介绍、研究现状和研究设计。其实，这是所有科学研究的开题报告都必须具备的三个要素。

　　第一，选题介绍。选题介绍其实就是回答一个问题：为什么你的这个题目值得做？当然在这其中，你得介绍你的选题是怎么来的，你是怎么想的。但是归根结底，你得说服开题专家，为什么你的论文值得做。尤其是对于学位论文，你得说明研究这个选题的必要性和重要性。

　　第二，研究现状。尽管你的研究非常有进行的必要，但是，你必须进一步指出这个研究是具有独创性的，也就是说，你的研究具有边际贡献，是其他人的研究尚未涉及的部分，不然，"前人之述备矣"，你又何必多此一举呢？所以，介绍研究现状就是要进行文献回顾，然后，将已有研究的进展告知你的开题专家，告诉他们这些研究在哪些方面是存在不足的、需要进一步推进的，这就是文献综述的价值。当然，你不可能开辟一个完全新颖的选题，必须站在前人的肩膀上，这样，你更得说明前人的研究进度，以便明确你自己的研究可能推进到哪里。其实，在这个过程中，你也就确立了自己的研究目标。

第三，研究设计。在确定你的研究值得做的同时，你必须说服开题专家：你的研究能够做出来。说到底，你得将你的研究计划落实，这个落实的过程是一个非常细致的工作，你必须掌控全局，同时又能够明察秋毫。因此，你就要既有高度又有细度地进行研究设计。研究设计也就是研究计划的具体落实，包括研究方法、研究进度、研究重点、研究难点、研究框架等，甚至包括将来论文的章节目录。

三、选题价值

在开题报告的第一部分，研究者必须交代这项研究的学理价值何在。选题其实要多花些时间，你要充分想明白，这个研究是否值得做。如果你对于这个研究长期抱有兴趣，有比较深厚的思考和积累，那么，这个研究做起来就会得心应手、驾轻就熟。反过来，如果你只是觉得这个题目好，至于到底怎么个好法，你其实并不清楚，那么，这个研究做起来肯定大费周章，甚至会写出不知所云的文章。

在选择了题目之后，你必须说服开题专家：为什么你的研究非做不可？这就是研究的必要性。令研究者兴趣盎然的选题，必须也能够关照到第三者，获得更宽泛意义上的学术读者的认可。尽管开题专家只是一部分学术群体，但是他们是否认可是一个重要的判断指标。这就是研究的客观性，即研究不仅要符合自己的兴趣，同时要获得他者的认可。研究必须是一个"公认的"好研究，因为你的研究不是做给自己玩的，而是为了增进学术知识。既然如此，你就得听听大家是怎么看的，不然，学术研究就变成独角戏了。

所以，在这一部分，首先就要交代选题的价值，具体包括：选题的来源是什么，它有什么背景，它的理论意义和实用价值分别是什么，等等。也就是说，为什么要研究它，研究它有何价值。为此，需要把研究背景、研究根据提出来。

当然，研究者也要将自己的课题与自己的个体经验结合到一起。实际上，任何研究都是人做出来的，怎么可能有脱离具体的经验而存在的抽象研究呢？所以，研究者不要刻意追求高大上的选题，而要选择那些看得见、摸得着、在自己的生命中烙下痕迹的研究题目。

四、研究现状

做研究不是唱独角戏。知识体系是一幢大厦，每个人都是在前人的基础上添砖加瓦，站在前人研究的基础上做出自己的贡献。

做研究要追求独创性，这个独创性的前提是你了解并充分理解相关的研究现状。在选题的过程中，首要的是静下心来，多查资料、多看书，把以往的研究都仔细读懂。

很多人做文献综述，往往就是把这些文章的题目串一串，而没有认真读这些文章。这种做法是很危险的，因为你不读这些文章，会面临以下问题：第一，你不知道这些文章的内在理论，你在写文章的时候会"不知深浅"，会犯常识性错误；第二，你会重复其他人的研究；第三，你根本没有办法抓住哪些是重要的创新之处，哪些是不重要的东西。只有做好文献综述，你才能知道，哪些东西是前人讲过的，哪些研究是没有人讲过的，是值得认真去做的。

研究现状是很多开题报告特别强调的东西，但这个研究现状并不是说你只要了解当前该领域的研究情况就可以了，而是说，任何研究问题都是在历史中形成的，如果你不把握该领域的研究历史，你就难以理解当前正在研究的问题，也就无法据此把握当前研究的发展趋势。而如果没有对这个研究问题整体趋势的把握，你可能就无法判断这个问题是否具有前沿性。说白了，文献综述或者介绍研究现状就是把这个问题的"来龙去脉"搞清楚，只有如此，你才能更加充分、合理和科学地掌握整个问题。

文献综述要梳理相关研究的问题和方法。很多开题者只是简单列举了既有研究的观点，然后把研究问题和研究方法简单一提。实际上，这种做法是很初级的。你得摊开这些文献，将这些文献中的研究问题和研究方法的理路都摆弄清楚。只有这样，你才能以此为基础，提出你自己的研究问题，确立你自己的研究方法。

概括地说，通过对诸多文献的梳理，你必须澄清研究问题，提出研究方法的角度，确立新观点，提出新方法或新材料等创新之处的生长点。这些角落都踩结实了，你也就相当于提出了自己的研究方向。研究现状包括如下内容：目前国内外研究这一领域的情况如何，研究者是谁，研究的深度、广度和已经取得的成果是什么，进一步有待研究的问题是什么，特色和突破点是什么。

文献综述其实是你中有我、我中有你的。文献综述的最后肯定是落脚在自己的研究上的，讲别人的研究并不纯粹是为了讲别人的研究，而是为了抛出自己的研究，因此，别人的研究与自己的研究一定会形成一种边际互补的关系。

五、研究设计

在确立了研究价值和边际贡献之后，你还需要落实你的研究计划。也就是说，你的研究计划不能空对空，必须有可操作性的行动方案，这些都直接对应着你的研究行动。这就像你把自己的融资方案说出来之后，还必须有一个可以落地、盈利的实操方案，不然风险投资者肯定认为你是在给他们"画饼"。

研究的具体设计一般要将你的研究内容、研究方法、基本思路、研究进度、研究可行性、问题的难点和重点、预期的成果形式、参考文献写出来。

首先，确定开题报告的标题。开题报告的标题一定要恰当，要务实规范，交代清楚你要研究的对象和研究的范围。题目要简洁，不要太长，最好不要超过20个字。

其次，确定自己的研究目标和研究问题。研究设计要把研究的基本内容讲出来，这就涉及研究问题的具体化。研究选题的价值分析和研究现状的回顾，只是把研究问题的外部性问题廓清了，而研究内容则是研究问题的内部性问题，必须仔细理顺。研究者必须明确地将自己的研究问题提出来。

你要介绍你这个研究到底能解决什么问题。老实说，一篇论文很难解决问题域里的所有问题，只能解决某些问题，甚至某一个问题，而且这些问题也不是所有方面都能得到回答，而只是在某些范围、程度和水平上获得回答。其实，这正是科学研究严谨的地方所在，科学研究不在于大而全，而在于能够在一定范围内将问题解决。由于它严格限定了解决问题的范围和水平，因此才是可靠的。研究问题不可以过于简单，而应该尽可能地具体，即你到底要在什么方面、什么层次和什么水平上研究你的问题。这个设计要非常详细，最好能够有一个周密的研究安排，以便让开题专家认为你是在做一个扎实的科学研究，而不仅仅是在进行一个思维启发。

一般而言，研究者在进行选题介绍的时候，多数提出的是一个比较综合的问题，那么在进行研究设计的时候，就需要将这个综合问题细化。在社会学研究尤其是定量的社会学研究中，有一个重要的研究设计过程，叫作"操作化"，也就是说，你要将自己的研究理论变成一些有关系的研究命题，并且将命题进一步分解为一些研究概念，然后把这些概念再变为一些研究变量，而研究变量又可以变为一些研究问题，最后落实为一些调查问卷上的问题。研究问题的具体分解遵循的是一个演绎逻辑，是一步一步推解出来的。研究问题的分解，最后是可以落实为一篇论文提纲的，也就是说，最终它可以表现为你的研究文本。

再次，介绍论文的研究方法、基本思路。研究设计是要告诉大家你的研究是可以操作的，你在选题介绍中所讲的研究价值，是可以通过你的研究过程慢慢落实的。那么，如何将这个研究做出来呢？你得说一下你的研究方法，也就是你到底是如何达成这样的研究目标的。比如说，为了落实你的研究计划，你是采取问卷调查的方法，还是采取实地观察的方法，这些你都得交代，以便让对方知悉你的研究进路。

最后，你要对整个研究过程有一个预判：你大致多久可以做出来这个研究，研究的进度如何，研究最终以何种形式展示出来，研究成果最终会流向哪里，以及研究最终会做到什么程度。

本章要点

* 选题，就是选择毕业论文的论题，即在写论文前，选择需要研究论证的问题。

* 论文选题一般遵循专业性、有用性、可行性、创新性、公共性、经验性、前瞻性等原则。

* 论文选题的主要方法：浏览捕捉法、拟想验证法、知识迁移法、关注热点法、调研选题法。

课后实践

* 请根据学校提供的选题指南确定一个选题。可以添加副标题，可以根据相关内容自行拟题，也可以根据个人兴趣爱好、结合专业特点自主选题。

* 仿照范例撰写一篇开题报告。

第三章　引　言

> **启发式问题**
>
> 引言的含义是什么？
> 引言的特点有哪些？
> 引言的结构要素有哪些？

论文的引言，也称"导言""序言"，古代文论中有"凤头"之称。通常引言是开篇之作，写引言于前，始能疾书于后，正所谓"万事开头难"。引言对论文所涉及的研究进行初步的介绍，通常是一段或数段短文。虽然科技论文不强调文章开头像"凤头"那样俊美、精彩、引人入胜，但引言是给读者的第一印象，对全文有提纲挈领作用。

第一节　什么是引言

一、引言的目的

引言的目的是激发读者的阅读兴趣。它可能是逸事性质的，也可以是事实性质的，但其呈现方式应该让读者知道接下来会写作什么。

二、引言的构成

引言中不包括方法、结果或结论，但仍需要一些更深入的信息，如对假设和问题的解释、研究的新颖性和重要性等，通常包括以下内容和特征：①说明论文的主题、范围和目的；②说明本研究的起因、背景及相关领域简要历史回顾（前人做了哪些工作？哪些问题尚未解决？相关研究目前进展到何种程度？）；③预期结果或本研究的意义。引言一般不分段，长短视论文内容而定，涉及基础研究的论文引言较长，实证分析类论文的引言宜短。

三、引言写什么

引言介绍某研究领域的背景、选题意义、研究进展等；对相关领域的文献进行回顾和综述，包括前人的研究成果、已经解决的问题，并适当加以评价或比较；指出前人尚未解决的问题、留下的技术空白，也可以提出新问题及解决这些新问题的新方法、新思路，从而引出自己研究课题的动机与意义；说明自己研究课题的目的；概括论文的主要内容，或勾勒其大体轮廓。

四、引言与摘要的区别

摘要陈述论文的写作目的，它是文章的一个小结，更为简洁直接，不需要呈现研究的细节，只为读者提供清晰的研究思路和结果。而引言则是文章的一部分，用来引起读者的阅读兴趣。它比摘要更详细，解释了为什么研究和想获得什么结果等。引言和摘要主要有三个方面的不同。

内容不同。摘要是以提供论文内容梗概为目的，不加评论和补充解释，可以简明、确切地论述论文重要内容的短文，其基本要素包括研究的目的、方法、结果和结论。引言则是简要说明研究工作的目的、范围，相关领域的前人工作和知识空白，理论基础和分析，研究设想、研究方法和实践设计，预期结果和意义等。

特点不同。摘要具有独立性和自明性，并拥有与论文同等量的主要信息，即不阅读全文就能获得必要信息。引言是论文正文的一部分，是正文的前奏。它不具备独立性和自明性，不能单独成篇。

功能不同。摘要能使读者了解论文的主要内容。读者主要通过阅读摘要来确定自己是否需要进一步阅读完整的内容。同时，摘要为科技情报人员和计算机检索提供了方便。引言的作用主要是提出论文中研究的问题，引导读者阅读和理解全文。

第二节 引言的结构要素

一、研究的问题及其背景

毕业论文应以对所提问题的描述开始，因为正是这一问题启动了我们所进行的研究。即要清楚地陈述你所研究的问题是什么，以及你为什么选择这一问题进行研究。同时，不管你所研究的是一个有关人类行为的简单经验问题，还是一个有关当前社会现实的问题，你都必须将这一问题放到一个较大的背景中，以便读者了解为什么这个问题十分重要，为什么值得研究。例如，一篇题为《带有性别偏见的招工广告"帮助和支持"了性别歧视吗？》的论文，其引言是这样的：

1964年公民权利运动的第12条权利阻止了就业中在种族、肤色、宗教及性别等方面的歧视。尽管性别规定在当时被看作一个笑话，但是，在该运动后的第一年，正式研究中有40%以上的解释都认为存在性别歧视。仅仅1971年一年，性别歧视的诉讼案就达6000件。

第12条权利同样也趋向于扮演了帮助和支持这种歧视的角色。例如，该运动禁止在招工广告中指明对某一性别更为优先，除非性别是一种真正的职业条件。在解释这一规定时，同等就业机会委员会裁定，即使是在需求一栏中标上"男性"或"女性"的做法，也应该被看作是违法的。

不管怎样，大量的雇主继续在招工广告中说明性别条件，许多还在招工广告中明确指出只招收某一种性别的人员。同时，许多报纸也继续按需求性别把这些广告分成某一类性别的专栏。这些广告是否由于它们实际上阻止了某种性别的人对他们并不能很好胜任的那些工作的申请而扮演了帮助和支持就业歧视的角色呢？本篇论文中所报告的两项研究希望在经验层次上回答这一问题。它们都是作为法律证据的一部分而进行和发表的，前者取自同等就业机会委员会对美国电话电报公司的诉讼，后者取自全国妇女联合会对匹兹堡出版社的诉讼。

这篇论文的引言是如何按"沙漏"的形式来写的呢？它先对1964年的公民权利运动作了一般性介绍，接着非常成功地将焦点缩小到该运动对性别的规定，又缩小到帮助和支持性别歧视问题，直到最后集中到该论文所要报告的对于特定问题的回答上。

在对社会学理论的某些方面进行探讨和研究时，或者在介绍与自己的研究问题相关的理论时，也可采取这种论述的策略。这时，你需要首先对你所研究的领域中的理论或概念框架作一小结。例如，李银河在其题为《中国人的择偶标准》的毕业论文中，就在引言部分对择偶标准的相关理论进行了简要的小结：

摩斯坦曾将其所著的一部关于择偶标准的著作题为《谁会跟谁结婚？》。这个短句言简意赅地为"择偶标准"一词下了定义。择偶这一行为是千千万万的人们世世代代在实践的一种行为。社会学关心的是：这种行为中有无规律？有没有某种理论或模式可以概括人们这一行为的规律并对某人跟这个人而非那个人结婚作出合理的解释？根据摩斯坦的介绍，关于择偶标准的理论至少有五种：第一种是历史前例理论，它强调在历史上普遍存在着由父母包办或由父母做主要决定的择偶方式；第二种是心理分析理论，它以弗洛伊德的理论为依据，强调人是社会动物，认为在择偶行为中生理需要的因素大于社会选择的因素；第三种是需要互补理论，它强调在择偶时人们的主要考虑是各种需要的相辅相成，例如支配欲强的男性往往选择依赖性强的女性为偶，想受人侍候的男性往往选择会侍候人的女性为偶，等等；第四种是价值理论，它认为人在生长过程中，通过社会化的作用已逐渐将某种价值观内化于个性之中，而这种价值观即成为其择偶的依据；第五种是过程筛选理论，它认为不能用人的个性因素来解释择偶行为，而只能视之为一个过程，人们相遇，相互产生好感，通过自我启示达到相互的了解信赖，最终满足了各自个性的需要，因此，筛选理论是强调过程而不是强调某种决定因素的理论（摩斯坦，1976）。

在撰写引言时有一点应该注意，无论你的研究多么理论化，或者多么深奥，你都应该做到让一个有知识的专业人员能抓住问题的性质，能理解为什么他或者其他人应该关注这一问题。此外，为了帮助读者理解你的引言，下列几条基本的规则也是很有帮助的。

（1）尽可能用常用的语言撰写，而少用专业术语。

（2）不要把毫无思想准备的读者拉进你的问题或理论之中。要用必要的时间和空间，一步一步地把一般性的读者引入到对特定问题正式的或理论化的陈述中来。

（3）用例子说明理论观点，或者用例子来帮助介绍理论性的或技术性的术语。

二、文献评论

陈述了研究的问题及其背景后，接下来的工作就是对这一领域中已发表的研究结果和结论进行总结和评论。这就是被称为"文献评论"的工作。通过文献综述，研究者对这一领域已有的研究结果和结论有了比较清楚的了解。因此，到撰写毕业论文时，研究者所需要考虑的只是如何在毕业论文中对这些文献进行系统的评论。

文献评论部分应该充满着恰当的、相关的并且是简明的和精确的材料。我们之所以在毕业论文中报告并评述这些材料，是因为它们对我们的研究有影响。在评论已有文献的工作中，不必逐一评论与所研究的问题有关的每一项研究。因为要做到这一点，既无必要，也不现实。关键是要对与我们的研究密切相关的那些研究作出评论。

文献评论的撰写要进行精心的组织和安排，不能只是简单地将有关文章的摘要重述一遍，更不能将别人的文章逐字逐句地写进文献评论中。正确的方法是，先仔细地阅读每一篇有关的文章，寻找那些与自己的研究紧密相关的部分，然后依据这些材料作出评论。对每一篇被评论的文献，都需要对其总的情况作简单介绍，例如，其总的问题、所用的样本类型等。然而，更重要的是介绍那些真正对你的研究有用的关键点。特别值得一提的是，对于其他研究中所用的与你自己的研究相同的概念或变量要进行仔细的检查比较，而不要想当然地认为只要名称相同，其内涵就一定相同，因而自然是可比的。一定要搞清楚在各个不同的研究中，同一名称的概念是如何操作定义的，又是如何测量的。因为，常常存在着这样的情况，在不同的研究者所做的研究中，同一名称的概念，实际上意味着两种不同的内容。

文献评论的部分既可以单独列出，也可以并入引言，作为其中的一个部分。由于篇幅的限制，作者必须对所评论的主要文献进行选择，同时简要地作出评论，并将它们联系在一起，以向读者提供有关研究问题的另一种背景。

文献评论示例

对三峡移民社会适应性的研究主要有两类：第一类开始于20世纪90年代后期，其特征是以早期近距离搬迁、集中安置的移民为研究对象。第二类则开始于2002年，并以2000年以来的跨省外迁移民为研究对象。

第一类研究发现，在经济生产与劳动适应方面，从事家庭副业和工商业经营的家庭均有减少，移民职业角色和收入结构单一化，接近四成的人对迁移后的生产劳动很不适应或不太适应；大部分移民对迁移后的日常活动、居住环境等已基本习惯，但对安置地的人文环境特别是治安状况不甚乐观；在人际关系的适应方面，近半数移民仍有一定程度的被歧视感，遇到困难找新邻居帮忙的只占1.2%，而且干群关系也不够融洽。（风笑天、王小璐，2004）

笔者曾利用1997年、1999年、2000年三次对湖北宜昌地区400余户三峡移民的调查资料，对影响移民社会适应的各种因素进行了分析。结果表明，移民所感觉到的安置地政府对他们的关心，是影响搬迁初期移民社会适应的一个重要因素。随着搬迁时间的延长，移民社会适应的状况逐渐向好的方向发展。但与此同时，当搬迁方式的影响逐渐减弱，当移民开始接受和面对搬迁的现实时，他们一方面开始熟悉和适应了在安置地的日常生活，另一方面也逐渐在更多方面感受到更深层面上的问题和困难。因此，影响移民社会适应的因素发生了很大的变化。比较突出的特征是：生产劳动方面的差别，开始成为影响移民家庭的经济发展和长远生活水平提高的重要的因素。作为"外乡人"的移民开始对新社区中的安全产生敏感,这十分明显地体现在安置地的社会治安状况成为影响移民社会适应重要因素的事实上。不仅如此,来自同一地区的移民与当地居民在生活习俗上的"大同",也开始被实际生活中无数具体细节方面的"小异"所取代,使得生活习俗因素对社会适应的影响也再次显露出来。(风笑天,2004)

一方面,这类以湖北宜昌地区跨县近迁、集中安置的移民为对象所得到的研究结果,是否同样适合于本文所探讨的跨省外迁、分散安置的移民适应,尚值得考虑。另一方面,在笔者上述研究的统计分析中,对移民社会适应有影响的自变量基本上都是采取将定序层次的单一指标测量结果直接代入回归方程进行计算的。这种做法实际上是不够严格的。因此,原有的研究结果中很可能还存在着可质疑之处。

以跨省外迁移民为对象的第二类研究目前只有很少的几项。其中,孙阳、苏红等人分别对搬迁到上海崇明县的移民进行了研究。前者主要描述了移民的心态以及对安置地生活各方面的满意状况和困难。"移民满意度由大到小依次为住房、交通、水电使用、土地条件、子女入学、务工机会。""移民的困难主要有经济压力大、生产不适应、语言不通、生活不适应"(孙阳等,2002)。后者从移民与安置地社会整合的角度,描述了移民在社会适应过程中所出现的经济上的困窘、心理上的不适以及对过渡期后的顾虑等现象,指出社会整合是移民社会适应的必经历程(苏红,2002)。程瑜则从文化人类学的角度,对搬迁到广东博罗、三水两县市的移民的适应性进行了研究,作者用典型的事例描述了移民在语言、环境、日常生活、生产方式等方面的不适应状况。作者认为,隐藏在种种经济矛盾背后的不适应,实际上是移民在社会和文化上的不适应(程瑜,2003)。许佳君、施国庆等人则从宏观层面对三峡移民外迁沿海发达地区安置后的社会整合问题进行了探讨，在对移民安置目标的认同差异、安置地区选择、安置模式选择、生产安置方式、群体社会差异与社会整合等进行分析的基础上，提出了相应的对策建议（许佳君、施国庆，2001；2002）。马德峰则从土地、住房、社区整合、移民代表制度、帮扶制度等方面对搬迁至江苏大丰市的移民的社区适应性进行了探讨，并对影响移民社区适应性的客观因素进行了分析。研究认为，"土地成为移民社区适应性的重要的影响因素"，同时，购买旧房的方式也给移民适应带来一定影响。（马德峰，2002）

通过对上述两类文献进行分析，笔者认为，原有的对跨县近迁、集中安置的移民的研究中，描述适应状况的多，探讨影响移民适应因素的少；而现有的跨省外迁移民研究则存在以下几个方面的不足：一是研究对象的搬迁时间普遍较短。这些研究基本上都是在移民刚刚搬迁几个月到一年多的时间内进行的，对于认识移民适应的状况及其影响因素来说，其研究结论显然受到迁移时间的限制而局限在移民搬迁初期的范围内。二是在资料收集方法上，这些研究较多地采取通过听取汇报、个别访问以及少量观察来获得间接的、感性的、典型的资料，然后依据主观的分析得出结论的做法，缺少一定规模的、较系统的定量资料的收集和分析研究。这对于从整体上把握和认识影响移民社会适应的因素十分不利。三是目前尚没有一项样本规模超过150户的系统调查研究结果。仅有的两项问卷调查样本规模普遍较小，分别只有149户和35户（孙阳，2002；马德峰，2002）。同时，其调查的内容也相对简单，测量指标很少，分析的工具基本上都是采用简单的百分比统计来描述。所以，对于跨省外迁移民社会适应状况的影响因素问题，目前还缺乏较为系统的经验分析和认识。

（风笑天:《生活的移植：跨省外迁三峡移民的社会适应》，载《江苏社会科学》2006 年第 3 期。）

三、介绍自己的研究

在引言部分的最后，应该简要地介绍一下自己的研究。这种介绍的主要目的不是讨论研究内容的细节，而是介绍研究的基本框架，比如你所研究的问题或准备检验的假设是什么，主要的自变量和因变量是什么。在有些情况下还可以描述你的研究模型，定义你的主要理论概念等。这一部分的另一个目的就是为转到方法部分提供一个非常自然的和平滑的过渡。在前面所列举的性别偏见广告的例子中，采取的是下列过渡性介绍。

那么，现在的问题是：这种广告是否的确起到了阻拦潜在的申请者申请工作的作用。本研究希望回答这一问题，它所采取的方式是让中学高年级男生和女生阅读几份招工广告，并根据他们自己的兴趣给每一份工作打分。对这些根据自己兴趣进行的评分进行分析便可以知道，那些用非性别歧视的语言所写的广告是否增加了男人和女人对那些在传统观念上被认为是"别的"性别所干的工作的兴趣。

而前述李银河的毕业论文中，也采用了类似的介绍方式。

在传统的中国社会中，婚姻由父母包办，婚姻当事人没有什么择偶的自由。当然，父母包办时也有一个择偶标准的问题，一般说来就是所谓"门当户对"。关于社会阶层与择偶标准的关系，费德曼等人曾提出过一个三模式理论框架，其中：第一模式是社会分层与择偶行为绝对相互独立的模式，即择偶行为完全是随机的；第二模式是社会分层与择偶行为绝对相互依存的模式，即择偶行为完全由社会阶层所决定；第三模式是某一社会阶层内的随机择偶，即择偶范围不会超出人所处的阶层但在阶层内是随机的（费德曼，1975）。中国传统社会的情况似乎属于第三种。在近现代，情况有了变化，一般新青年主张恋爱自由、择偶自由。在1931年已有了主张婚姻自由的《婚姻法》，1950年《婚姻法》的重要内容之一是反对包办婚姻，提倡和保护自由恋爱、择偶的权利。那么，目前中国人的择偶标准有哪些特点？又有哪些因素对人们的择偶行为有重大影响？影响的程度如何？这就是此项研究想解答的问题。

第三节　引言常见问题与写作建议

引言是正文的引子，相当于演说中的开场白。引言部分不需另立标题。引言应当对正文起到提纲挈领和引导阅读兴趣的作用。在写引言之前首先应明确几个基本问题：你想通过本文说明什么问题？它是否值得说明？在写引言乃至整篇论文时都应注意这几个问题。

一、引言常见问题

（一）引言的结构

引言通常包括四个部分的内容：一是课题的提出背景；二是前人研究经过、成果、现实情况及存在的问题的评价；三是说明你做这项研究的原因，介绍课题的性质、范畴及其重要性，突出研究的目的或者需要解决的问题；四是研究过程所采用的方法、研究工作的新发现和意义。要表达清楚：为什么要进行这项研究？立题的理论或实践依据是什么？拟创新点何在？理论与（或）实践意义是什么？告诉读者你为什么要进行这项研究是引言的主要内容和目的，这其中也包括说明这项研究的理论和（或）实践意义。

（二）引言的格式要求

（1）内容切忌空泛，篇幅不宜过长。回顾历史择其要点，背景动态只要概括几句，即可引用的参考文献不宜过多。根据以往的经验，一篇 3000～5000 字的论文引言字数在 150～250 字较为恰当。

（2）不必强调过去的工作成就。回顾作者以往的工作只是为了交代此次写作的基础和动机，而不是写总结。评价论文的价值要恰如其分、实事求是，慎用"首创""首次发现""达到国际一流水平""填补了国内空白"等提法。因为首创必须有确切的资料。对此，可以用相对委婉的说法表达，如"就所查文献，未见报道"等。

（3）不要重复教科书或众所周知的内容。即不用反复解释某一概念性问题，切忌在引言部分作详尽的名词解释。

（4）引言只起引导作用，可以说明研究的设计，但不要涉及本研究的数据、结果和结论，减少与提要和正文的重复。结果是通过实地调研所得，而结论是在结果的基础上进行逻辑推理提升的见解。在引言中即对结论加以肯定或否定是不合逻辑的。

（5）引言一般不另列序号及标题。

🔙 引言实例

  尽管嵌入在个体社会网络中的企业家社会资本是一种微观建构，但其却能够对宏观层面上的组织竞争优势和组织绩效产生影响，以往这种"微观—宏观联系"的探讨大都局限于企业家社会资本对组织绩效的直接影响。Blyler 和 Coff（2003）认为，社会资本是动态能力的核心；Adner 和 Helfat（2003）指出，动态能力会受到人力资源、社会资本和管理层 3 个潜在因素的影响；杨鹏鹏和袁治平（2008）则从理论上探讨了企业家社会资本对组织动态能力的影响机理。然而企业家社会资本究竟如何影响到组织动态能力，当前国内外文献均未给出实证性的研究结果，这正是本文关注的重点。

  已经有学者指出，社会资本对组织的效用价值需要关注其他组织行为因素的权变影响（Acquaah，2007）。考虑到组织宽裕对组织创新能力的重要作用（Cyert & March，1963），尤其考虑到组织宽裕在动态能力构建过程中的"先行"影响（Danneels，2008），引入该变量作为干扰因素，将加深我们对企业家社会资本与组织动态能力间关系的理解。当市场进入的时机是决定性的技术变动非常快速且未来竞争和市场难以预测时，"动态能力"所强调的"动态"性要求组织具有特定的创新反应，以更新能力与环境的变化保持一致（Teece et al.，1997），而影响组织创新能力的重要因素之一就是组织的资源宽裕程度（Cyert & March，1963；Nelson & Winter，1982）；另一方面，当企业家通过其社会资本获取到新的市场信息、知识、技术或机会，并将其内化整合为企业动态能力时，事实上也需要一些宽裕资源自由运用，以便对研发和商业化行为进行投资，并通过新产品、新过程或新服务把握机会，发展其动态能力（Teece，2007；Danneels，2008）。正是从这个意义上，本研究引入组织宽裕变量考察其对企业家社会资本与组织动态优势之间关系的影响，以期能够更好地回答企业家社会资本在什么情况下，以何种程度、什么方式对组织经营发挥作用（Witt，2004）。

基于以上，本文提出并探讨的问题是：企业家社会资本是否会影响到组织动态能力？不同资源丰裕情境下这种影响的大小如何？具体而言，本文利用对 151 家小型民营科技企业的问卷调查分析，就企业家社会资本、组织宽裕以及组织动态能力之间的交互效应进行了探索与检验。文章分为 6 个部分。第一部分提出问题；第二部分对现有的相关研究进行了回顾；第三部分则基于前人研究和逻辑分析提出研究假设；第四部分为研究设计；第五部分是实证结果与讨论；文章的最后是结论与启示。

（耿新、张体勤：《企业家社会资本对组织动态能力的影响——以组织宽裕为调节变量》，载《管理世界》2010 年第 6 期。）

二、引言的写作建议

（1）描述你的研究主题及其方向。你可以用简短的几句话表明论文的主题，并指出你将要提出的研究问题。这是一个非常好的办法，让你的读者了解你的主题，并激发他们的兴趣。引言的前几句应该先写关于研究方向问题的引子，然后再从这个问题引出你的具体研究问题，这能为读者提供文章内容的引导，起到继续让他们阅读的作用。

（2）可以在引言中提及关键词。当你写一篇研究论文时，你肯定会拥有一系列的关键词，这些关键词可以快速地指明你所涉及的研究领域，你也可以在标题中加入一些想要强调的关键词。

（3）描述你的领域术语或概念。你有必要写清关键术语或概念，你需要在论文中清楚地表达这些术语或概念。如果你对读者不熟悉的术语或概念不解释，就会让读者对你的论点没有一个清晰的理解，导致他们失去对下文的阅读兴趣。

（4）利用文献资料来展现你额外的贡献。一个简明但全面的文献回顾是必要的，你可以从文献转移到你自己的立场与创新。

（5）阐述你的论文的基本原理。一旦你把论文框在一个很广泛的背景下，你就可以更充分地阐述你的研究理由，以及它的特殊优势和重要性。

（6）表明你的研究问题和假设。当你指出了你的研究所在领域及论文的基本原理，你就可以表明论文所涉及的研究问题。这个问题应该从引言的前部分中清晰地体现出来，不应该让读者感到惊讶。在表明了你的研究问题之后，你需要对你的假设或你的论文思路作一个清晰而简明的阐述，简单地说明你是如何得出这一假设的，并以此来呈现你对现有文献的贡献。

（7）概述你论文的结构。在某些情况下，论文引言的最后部分将提供对论文正文结构的概述。要简单地概述你是如何组织这篇论文的，以及它是如何被分成几个部分的，让读者对你的论文更加清晰明了。

本章要点

* 论文的引言，也称为"导言""序言"。引言中不包括研究方法、结果或结论。

* 引言的内容包括：论文的主题、范围和目的；说明本研究的起因、背景及相关领域研究历史回顾；预期结果或本研究的意义等。

课后实践

* 从《中国社会科学》上选择三篇论文，逐一概括其引言构成部分及结构，并进行比较。

* 选一篇你感兴趣的论文，从该论文的"引言"读到"结果"部分，不要读其"结论与讨论"部分。根据所读部分的内容写一个"结论与讨论"，并与原论文中的该部分作比较。

第四章 文献综述

> **启发式问题**
>
> 1. 什么是文献?
> 2. 什么是文献综述?你是否做过文献综述?
> 3. 为什么撰写论文前要阅读文献?

毕业论文的撰写通常是从研究问题的选择开始,经过文献综述、研究设计、研究论证,最后得出研究结论。在这一过程中,相对于其他的几个环节,文献综述往往被认为是一个可有可无、最容易被我们忽视的环节。但实际上,文献综述却是我们进行毕业论文撰写前必须做的一项基础性工作。它不仅可以帮助我们明确自己的研究问题和研究方案是如何建立在与这一主题相关的知识基础上的,还能为我们论文撰写中研究方法的选择、研究维度的确定、分析框架的建立、关键变量的操作化和测量指标的构建等提供重要参考。

在指导和评阅毕业论文中我们发现：有的学生不会写文献综述，他们常把"实践过程"作为综述的组成部分；有的学生尽管写了文献综述，但离合格的文献综述相差甚远。

所以，在这一章中，我们将主要探讨下面的问题：毕业论文撰写中为什么要进行文献综述？何为文献综述？如何做文献综述？

第一节　审视需求：为什么要做文献综述

文献综述是对某一研究主题相关文献的综合、记述和评价。作者通过对相关文献的阅读，结构化呈现该研究主题的文献脉络和分类图景，梳理出相关文献的贡献和局限，进而从中提炼出自己的研究问题。文献综述一般包含"述"和"评"两个要素："述"就是以某个问题为核心、以相关性为框定范围，对文献进行系统梳理，看学界分别做了哪些方面的研究、有哪些发现；"评"就是对这些文献进行评价，看哪些方面做得好，还存在什么缺陷。

通常而言，不论学术论文还是毕业论文，都会有一部分空间专做文献综述。有的把其融入引言、理论、正文等部分，有的将其作为单独的一部分。那么，为什么要做文献综述呢？

我们知道，创新性是毕业论文的基本要求，当明确研究问题、确定研究对象后，就需要对已有研究成果进行梳理，了解和熟悉相关研究议题的研究现状，找寻可能的新理论、新方法、新区域、新视角等。具体而言，文献综述的目的主要集中在以下三个方面。

一、论证研究目标

毕业论文写作中，首先需要明确自己的研究目标，进而论证研究目标的合理性，而这一论证通常要通过文献综述来完成。例如，田北海、马艳茹两位学者在《文化距离、地域认同、社会资本与回流农民的文化再适应》一文的开篇部分是这样论证自己研究目标合理性的：

> 研究表明，人口向外流动常常伴随着一定程度的回流（E.G.Ravenstein，1885；Lee E.S.，1966）。但是，现阶段我国城乡区域发展失衡，回流农民面临的不仅仅是地理空间的变化，还有生活环境的转变，以及由此带来的生活世界意义的重构（张杰、胡同娟，2013）。从这个意义上讲，回流农民也是回流地的陌生人……文化再适应水平则是衡量回流农民是否融入回流地社会的关键指标。
>
> 回流农民文化再适应水平的高低可能会影响其在当地作用的发挥。一方面，回流农民是回流地发展的重要参与者和带动者，是当地社会发展的中坚力量（孟宪范，2010）。另一方面，部分回流农民面临着失业、社会关系断裂等适应问题，这些适应困境可能导致上述群体"游民化"的风险，冲击当地社会和谐稳定（邱仁富，2009）。
>
> 人才振兴是乡村振兴的重要内容，回流农民是乡村振兴的重要主体力量……为此，了解回流农民的文化再适应水平，探究其影响因素，有助于促进回流农民的再适应，更好地释放回流农民的潜力，发挥他们在乡村振兴中的主体作用。[1]

---

[1] 田北海，马艳茹.文化距离、地域认同、社会资本与回流农民的文化再适应[J].华中农业大学学报（社会科学版），2021（5）.

二、进行论文的研究定位

社会研究"是一种以经验的方式,对社会世界中人们的行为、态度、关系,以及由此所形成的各种社会现象、社会产物所进行的科学的探究活动"❶。其目的就是要建立有关社会世界的结构和运行规律的知识。对此,没有一项科学研究能独立完成这一使命。因此,作为一种科学研究活动的毕业论文撰写也应该将自身的研究问题置于社会知识累积的体系中,明确告诉大家你的研究跟以往的研究有何关联,会如何推进这一研究。文献综述正是"研究者在选择研究问题过程中,建立起目前的研究与从前的研究之间的联系的关键途径"❷。

文献综述最重要的意义在于强调"每一项研究都应该把现有知识当作它的出发点,然后以此为基础进行研究"❸,而且"通过回顾文献来显示其研究是对现有知识的一种补充"❹。一项研究的价值主要体现为"对知识缺口的细致理解、对前人提出问题中的不足、对资料搜集方法的欠缺或对结果解释的欠妥","因此,文献综述就成了一种用来说明如何以及为什么这一切可以做得更好的工具"。❺ 同时,文献综述"使你能够理解哪些是已知的,同时也使你能够了解现有的知识体系中哪里还存在一定的漏洞和薄弱环节"❻。所以,我们通过文献综述不仅可以了解和熟悉拟研究议题的现状,还整合了该议题中已有研究呈现出的最重要的"已知"和"漏洞"、"共

---

❶ 风笑天.社会研究方法[M].5版.北京:中国人民大学出版社,2018.
❷ 风笑天.社会研究设计与写作[M].北京:中国人民大学出版社,2014:41.
❸ 丹斯考姆.做好社会研究的10个关键[M].北京:北京大学出版社,2007:41.
❹ 同❸47.
❺ 洛柯,等.如何撰写研究计划书[M].5版.朱光明,等,译.重庆:重庆大学出版社,2009:65-66.
❻ M MORSE, L RICHARDS. Readme First for a User's Guide to Qualitative Methods[M]. London: Sage, 2002: 169.

性"和"差异"、"局限"和"不足"等。从而，我们可以通过文献综述对已有研究进行评头论足：已有研究是从什么角度，采用了何种方法，运用了何种理论……但 A 研究还存在什么不足，B 研究还有哪些局限……因此本研究通过……来弥补这些缺陷。毕业论文撰写中，我们正是通过文献综述来说明自己研究的必要性和创新性，说明自己研究问题的价值和意义，从而确立我们的研究在该领域中的位置。

三、挖掘可用的研究资源

通过文献综述，我们可以了解到既有研究在探索该问题领域时所采取的各种研究视角、研究策略、研究方法，所使用的研究工具和手段。这些研究角度、研究策略和研究方法，代表了以前的研究者所尝试过的各种不同的探索道路。无论其成功与否、结论如何，都为我们在自己的研究中确定研究视角、进行研究设计，以及选取研究方法提供了一种借鉴和参考的框架。"这些文献为你提供了该领域有关研究方法的知识，也提供了有关理论及应用方面的内容。"[1] 特别是以前的研究者如何切入你所关注的主题，如何收集回答你的问题所需要的资料等。文献综述的结果，既可以使我们在一种与先前研究稍微不同的框架中来重新安排自己的研究，也可以帮助我们去探讨这一问题的一些新的方面。同时，"文献综述是研究者呈现研究逻辑的重要过程"[2]，文献综述通过将研究问题与分析框架等紧密联系起来，可以清楚地呈现出研究设计的内在逻辑。研究者通过评价前人研究中各种各样的研究设计的成功之处，能便于在自己的研究中进行借鉴。有了

---

[1] 洛柯，等.如何撰写研究计划书[M].5版.朱光明，等，译.重庆：重庆大学出版社，2009：60.
[2] 简春安，等.社会工作研究方法[M].台北：巨流出版公司，1998：100.

前人研究的这些帮助，研究者在自己的研究过程中就能够避免走弯路，还能够有所创新。

此外，文献综述还可以帮助我们发现和利用现有研究中对某些关键变量的操作化方法和测量指标、前人研究中所用的样本类型、前人在测量某些关键概念或变量时所使用的工具和量表等。通过仔细阅读每一篇相关的文献，我们可以寻找到那些与自己的研究紧密相关的部分，特别是那些真正对自己开展研究有参考价值的关键点。例如，前人研究中所用研究方法的效果、利弊得失，以及这些方法与自己研究的契合性等。当然，对于前人研究中与自己的研究相同的概念或变量，要进行仔细的检查比较，不要想当然地认为只要名称相同，其内涵就一定相同，因而自然是可比的。特别是要搞清楚在各个不同的研究中，同一名称的概念是如何操作定义的，又是如何测量的。因为，常常存在着这样的情况，在不同的研究者所做的研究中，同一名称的概念，实际上却意味着两种不同的内容。

第二节　回到根本：文献综述的基本内涵

一、文献的概念、分类及其在论文写作中的作用

（一）文献的概念

"文献"一词最早出于《论语》。《论语·八佾》有："子曰'夏礼吾能言之，杞不足徵也；殷礼吾能言之，宋不足徵也。文献不足故也。足，则

吾能徵之矣。'"❶这里的"文献"是什么意思呢?

对于孔子所说的"文献"二字,汉、宋学者把"文"解为文章典籍,把"献"释为文章的创造研究者及文章记录的作者。如魏何晏等《论语集解》载:"郑曰:'献,犹贤也。我不以礼成之者,以此二国之君文章贤才不足故也。'"❷朱熹注曰:"文,典籍也。献,贤也。"❸还有把"献"解释为与"文"并列的言论,如张舜徽先生认为,"献"指老旧言论,言论包括口头传说和人士评议两个方面,"文"与"献"的区别仅在于"文"是文字记录的,"献"是口头传说的。

《左传·襄公十四年》:"史为书,瞽为诗,工诵箴谏,大夫规诲。士传言,庶人谤,商旅于市,百工献艺。"《左传·昭公二十年》:"君所谓可而有否焉,臣献其否以成其可。君所谓否而有可焉,臣献其可以去其否。"所谓规谏、箴谏、规诲、方言、传言、诗、谤、艺、可否等,不论何种形式,都是来自庙堂之下的民情资料,这些民情资料由下上达即是"献"。当其进献时,大多已变成了文字资料,即使偶尔有个别的口传资料,也要进行文字转化。可见,"献"是下情上达的文字资料,它与"文"的区别仅在于强调资料的来源。当下情上达的文字资料"藏于密室"而与庙堂原有之"文"久居共处,或由"史"一类庙堂文职官员糅合成"书"时,"文"与"献"的区别也就日益消失,故笼而统之称"文献"。❹孔子所说的"文献"就是指这种笼统的文字资料。

今天,我们常把具有证据功能的文字资料称为"文献",这意味着文献可能是图书、论文、报告、日记、访谈记录、观察日志、影像、手稿

---

❶ 何晏集解,邢昺疏.论语注疏(清同治六年阮元主持校勘《十三经注疏》重刻本)[M].上海:上海古籍出版社,1990:26.
❷ 《论语·八佾》//阮元校刻.十三经注疏[M].北京:中华书局影印本,1982.
❸ 朱熹.四书章句集注[M].济南:齐鲁书社,1992.
❹ 张汉东.《论语·八佾》"文献"考释[J].古籍整理研究学刊,2002(1).

等。在我国国家标准《文献著录总则》中有这样的描述：文献是记录有知识的一切载体。可见，文献的概念包含三个要素。

（1）记录：文献形成的重要手段。文献一定是通过某种方式被记录下来的，可以是手工记录的，如商周时代的甲骨文，或是我们日常写的日记、信件，或是作家、艺术家、作曲家等创作的手稿、影像、电影、录音、乐谱等作品，也可是具体的物品（如服饰、工具、货币）和其他不同时期的属于我们研究的那个人的人工制品。也可以是非手工记录的方式，比如，打印、复印文件、刻录光盘等。

（2）知识：文献的内容，是人们感知并加以利用的信息。文献一定要有知识内容，呈现出某种信息。所以，空白纸张就不是文献。

（3）载体：文献的形态。文献必须要有一定的物质载体。口口相传的民间故事、心里的某种想法，由于没有载体，无法保存，就不是文献。

（二）文献的分类

现代科学技术的发展，大大拓展了文献的数量和范围，从文字、图片、数字到音频、视频，构成了文献的庞大集合。根据不同的维度，文献可做下列分类。

（1）从载体来看，有金石文献、甲骨文献、简策文献、泥板文献、纸草文献、绢帛文献、纸质文献、缩微文献和电子文献。

金石文献以金属或石头作为文献载体，如石碑、青铜器铭文等。

甲骨文献以动物的骨骼作为文献载体，如甲骨文。

简策文献以竹或木片作为文献载体，如竹简。

泥板文献以泥板为文献载体，如幼发拉底河和底格里斯河文明曾使用过的泥板文献。

纸草文献以纸莎草为文献载体。现代考古发现，公元前1500年，古埃及医药处方计量标准文献的载体就是纸莎草。

绢帛文献以织物（如丝绸、毛织物）为文献载体，如帛书。

纸质文献以纸张作为文献的载体。

缩微文献以缩微胶片为文献载体，这类文献往往需要借助一定的外接设备，才能正常阅读。

电子文献以电子设备为文献载体，如网页、博客等。

（2）从加工程度来看，有零次文献（原始文献）、一次文献、二次文献和三次文献。

零次文献通常是指知识被记载于非正式载体或非正式出版物上，没有经过人为加工和整理，处于知识记载的一种初始状态的文献，如草稿、手稿、个人笔记、会议记录、抽样或普查资料等。有时也指被记载下来的口头传承的知识形式。零次文献在获取上常常存在分布散、不易搜集等问题，但却是非常好的资料来源，它可以帮助我们了解前人最真实的思想、经验、成果，常常成为备受青睐的珍贵资料，因此是一种不容忽视的文献类型。

一次文献是作者基于自己的第一手资料整理出的文献，其强调作者的原创性。我们在引用他人文献时，要重视一次文献的引用。因为文献作为信息的一种，它在传递过程中会发生变化。通常而言，越接近于创作源的文献，其真实性越高。

二次文献是对一次文献的简洁反映，侧重于线索的提供。它既可反映一次文献的趋势和发展，又可提供大量的信息与线索，所以二次文献也是一种不容忽视的文献类型。

三次文献是为满足某种需求而对原有知识进行的再加工，具有累积性创新的特点。如《唐诗三百首》是主编将已有的唐诗进行重新的整理、补充和编排，让它更适用于当代人们对唐诗的查询需求。可见，三次文献侧重的是对原有知识的再加工，综述类文献就属于三次文献。

（3）从出版形式来看，有图书、连续性出版物（主要是期刊和报纸）、特种文献（政府出版物、学位论文、科技报告、专利、档案、会议文献、产品资料）等。不同出版形式的文献所能提供给我们的知识内容可能是不同的，其对应的功能也不尽一致。如图书、期刊等学术性文献出版周期较长，内容相对全面；报纸、网络资料等因出版注重时效性，内容侧重某一方面。

（4）从资料来源来看，有个人文献（日记、回忆录、信件等）、社会组织文献（组织制定的规章制度、总结报告、工作人员的电话号码簿等）、大众传媒文献（书籍、报刊、博客等）、官方文献（法律、法规及各种政府文件等）。

（三）文献在论文写作中的作用

尽管文献很多，但我们在论文写作中能用到的并不多。因为多数文献与我们的论文议题并不相关；即使相关的文献，也会因其时效性、写作质量等而不能使用；即使有用的文献，其在写作中的作用也不尽一致。

1. 引出观点

毕业论文写作中，我们常常通过引述文献中对某一议题的观点来引出自己论文的观点。如在《卫生公平的文化壁垒——跨方言区流动降低了公共卫生服务可及性吗》一文中，作者在开篇引言中通过引述 Guiso、费孝通等学者的观点，从而提出自己的研究观点：方言障碍降低了流动人口基本公共卫生服务的可及性。

[作者观点]❶尽管这种微妙的"文化壁垒"往往不易被察觉,但在理论上也会阻碍流动人口主动接受和获取基本公共卫生服务。[引用文献观点]从直观上分析,相似的文化背景有利于沟通与协调,而文化差异会导致不同群体之间的沟通障碍(Guiso等,2009)。

[作者观点]文化差异有可能从两种隐性渠道影响卫生服务可及性。[引用文献观点]一方面,由于地域歧视和偏见普遍存在,文化符号形成了身份认同和人际信任的基石(费孝通,2013)。文化背景相似的个体由于地域归属感以及身份和心理上的认同感形成"内群体",而文化差异较大的其他个体则会因隔阂、歧视、偏见被视为"外群体",内、外两个群体在一定程度上形成观念意识上的距离感(李红等,2020)。如果迁入本地的流动人口成长于不同地域文化中,极易将基层医疗卫生工作人员归类于"外群体",这种信任隔阂造成了流动人口不会主动回应卫生服务人员的健康管理。另一方面,文化壁垒直接增加了流动人口参与公共事务的沟通成本与协调成本,影响信息传递的效率和可及性(马双等,2018)。文化差异导致不同群体之间的信息沟通障碍,增加了信息摩擦并制约信息交换,提高了个体信息收集成本(Chiswick & Miller,2010),从而阻碍了公共卫生服务政策的信息传播,而文化相似的群内成员有信息和资源优势,这无疑会减少信息不对称程度,降低公共卫生政策实施的效率损失。[作者观点]因此,来到陌生文化环境的流动人口难以准确获取当地公共卫生服务项目信息,造成自身的卫生服务可及性不高。

(张楠、高梦媛、寇璇:《卫生公平的文化壁垒——跨方言区流动降低了公共卫生服务可及性吗》,载《财贸经济》2021年第2期。)

---

❶ 方括号标注是编者所加,有助于读者理解文献的作用。

2. 提供概念

毕业论文写作中，我们常常通过引用文献中的概念，界定相关概念或搭建论文分析框架。

示例 1

那么，如何度量中国的地域文化？近年来，方言作为传统地域文化的基本载体，被学者们视为中国内部文化差异的理想度量指标（刘毓芸等，2015；林建浩等，2017）。本文追随同类经典文献，采用方言作为文化的代理变量，跨方言区流动会产生方言障碍、文化壁垒。❶

示例 2

本文借鉴吉登斯的结构化理论，通过对农民返乡养老现象和大学生户籍变动中出现的"非转农"现象的深描，试图理解其离城返乡现象得以发生背后的实践逻辑。围绕着"人—地""人—人""人—我"三层关系以及与此对应的职业、生活方式和身份认同的变迁，笔者认为，个案中的"离城返乡"现象并不是"逆城市化"现象，恰恰相反，它是市民化过程中不成功的案例，是"伪城市化"，他们是在城市公共资源和公共福利在分配中被剥夺后，所发生的被迫返乡现象。❷

---

❶ 张楠，高梦媛，寇璇.卫生公平的文化壁垒——跨方言区流动降低了公共卫生服务可及性吗[J].财贸经济，2021（2）.

❷ 刘友富，李向平."逆城市化"还是"伪城市化"？——反思大学生、农民"离城返乡"问题兼与沈东商榷[J].中国青年研究，2017（6）.

3. 提供素材

毕业论文写作中引用文献，不仅提供论证观点的素材，也是获得答辩组老师和其他读者信任的有效途径。当读者知道支撑论文观点素材的来源后，他们可以判断其可靠性。如果他们相信论文引用的文献，就会相信论文的观点。

➡ 示例3

　　历年医疗机构POI数据以《中国卫生统计年鉴》中机构类别为关键词，通过基于政府公开数据能够在线提供全国2.8亿家社会实体、300余种数据维度信息的天眼查网站（www.tianyancha.com）查询……利用百度API（http：//lbsyun.baidu.com/）地理编码获得所有医疗机构注册地址的空间坐标……1990—2010年每隔10年湘鄂豫各市人口数据分别来源于第四、第五、第六次全国人口普查分县、市数据。20世纪80年代、21世纪初10年的人口数据分别由《中国1982年人口普查资料》《中国2019年人口和就业统计年鉴》获得……建设用地数据来源于中国科学院资源环境科学与数据中心（http：//wwwresdc.cn/）。❶

二、文献综述的概念

文献综述（Literature Review），也称"文献回顾""文献考察""文献评论"等，指的究竟是什么，这是首先需要探讨的问题。总的来看，虽然不同的学者对于文献综述的具体定义不尽一致，但其基本内容差异性不

---

❶ 韩宗伟，焦胜.1980—2019年湘鄂豫公共卫生服务均等性及其人地关系的时空差异[J].地理学报，2022（8）.

大。例如，美国学者芬克教授认为，文献综述是"一种对现存的，由研究者、学者和实际工作者所产生的大量著述进行识别、评价和解释的系统、明确和再现的方法"❶。另两位美国教授戴维和萨顿也认为，文献综述是对"通过识别和查找现存公开发表的、与研究者感兴趣的主题有关的研究和理论"所得结果进行评价的过程。❷同样，美国学者杜里教授认为："文献综述是对与某一主题相关的研究进行分析，以识别该领域中一致的结果或者解决其中的矛盾。"❸国内学者风笑天教授认为："文献回顾指的是对到目前为止的、与某一研究问题相关的各种文献进行系统查阅和分析，以了解该领域研究状况的过程。或者说，就是一个系统识别、寻找、考察和总结那些与我们的研究有关的文献的过程。"❹

可见，虽然学者们对文献综述的定义都很清晰，但在不同学者的具体表述中，却反映出其对文献综述的理解存在着一定差异。这表现为，在不同的研究方法著作中，文献综述通常被作为不同的内容在研究方法的不同部分以及在研究过程的不同阶段进行介绍。❺正如美国学者劳伦斯·纽曼教授在其《社会研究方法》教材中所指出的："在许多有关社会研究的教材中，作者将人类作为实验对象的争议和对研究更高层次的政治关注放在一章中，而将如何进行文献综述和撰写最终研究报告放在另一章中。"❻由于将文献综述放在研究方法的不同部分时，作者所介绍的具体内容差别很大，这往往会给初学者造成理解的困难，并常常形成一定程度的混淆。因此，风笑天

---

❶ ARLENE FINK. Conducing Research Literature Reviews[M]. London：Sage，1998：3.

❷ MATTHEW DAVID, CAROLE D SUTTON. Social Research：The Basics[M]. London：Sage，2004：365.

❸ DAVID DOOLEY. Social Research Methods[M]. Fourth Edition. Upper Saddle River：Prentice Hall，2001：346.

❹ 风笑天.社会研究方法[M].5版.北京：中国人民大学出版社，2009：58.

❺ 风笑天.社会研究设计与写作[M].北京：中国人民大学出版社，2014：39.

❻ 劳伦斯·纽曼.社会研究方法：定性与定量的取向[M].5版.北京：中国人民大学出版社，2007：122.

教授认为，首先需要对文献综述的概念进行必要的澄清和区分。❶

对于文献综述的理解，风笑天教授指出：概括地说，其中一种理解是"指围绕某一主题，对相关的现有文献进行系统搜索、查找、阅读、分析的过程"，另一种理解则将其视为"以总结和综述的形式将上述过程的结果表达出来。从本质上看，前一种理解是将文献综述看作一种特定的'过程'，而后一种理解则是将文献综述看作这种过程的文字'结果'。简言之，一种是作为过程的文献综述，另一种是作为结果的文献综述"❷。

三、文献综述的类型

通过前述学者们对文献综述的定义，不难看出，文献综述既包括对相关文献的搜索、阅读和分析，又包括对这些文献的归纳、总结和评价。这里，我们参照风笑天教授的观点，将文献综述分为作为"过程"的文献综述和作为"结果"的文献综述两类。❸

（一）作为"过程"的文献综述

作为"过程"的文献综述，可理解为是需要我们去"做"的文献综述。它包含了我们对文献的搜集、阅读和分析过程，通常是在研究的选题阶段进行介绍，或者是在研究程序一节将其作为选择研究问题之后、研究设计之前的一个单独部分进行介绍。

---

❶ 风笑天.社会研究设计与写作[M].北京：中国人民大学出版社，2014：39.
❷ 同❶40.
❸ 同❶40.引用内容笔者作了部分修改，不当之处与原作者无关，特此说明。

(二) 作为"结果"的文献综述

作为文本形式的文献综述,可理解为需要我们去"写"的文献综述。它通常是在撰写毕业论文或者研究计划书阶段进行介绍。正如风笑天教授指出的,在社会研究的报告中,往往会有一个以"文献综述"命名的部分,但毕业论文的文献综述实际上是对选题阶段所做的大量查阅和分析工作所进行的总结,而不是这种查阅和分析工作的过程本身。

可见,作为文字"结果"的文献综述只是此"过程"中的一部分,尽管这部分所涉及的许多具体表达方面的内容和写作技巧十分重要,但前期大量的文献查阅和分析、归纳过程,以及大量的评价和思考才是文献综述概念最为基本也最为重要的内涵。这种"作为过程的文献综述"的工作也是后期这种结果表达的基础。因此,我们不能被一些著作中仅在撰写研究报告部分对文献综述进行介绍的表面的现象所迷惑。应该正确理解文献综述的全部内涵,并在实际研究中将更多的注意力放在文献综述的前期过程上。如果我们认真做好文献综述前期过程的工作,就能为毕业论文写作阶段文献综述的文本呈现打下坚实的基础。

第三节 写作指引:如何做文献综述

通过前面对文献综述的定义和讨论,我们知道,文献综述就是"对研究的研究",也就是对与研究主题有关的前人的研究进行总结和评价。文献综述从选择和确立研究兴趣或研究话题开始,接着将研究兴趣具体化和聚焦,提炼出关键的研究主题。研究主题为文献综述提供操作框架,然后经由文献的梳理和论证，发现以往研究的不足并提出新发现的研究思路和观点，形成一个研究论题❶，如图 4.1 所示。这个经由文献综述形成的研究论题就是预设的研究观点，是我们试图给研究问题提供的一个答案。

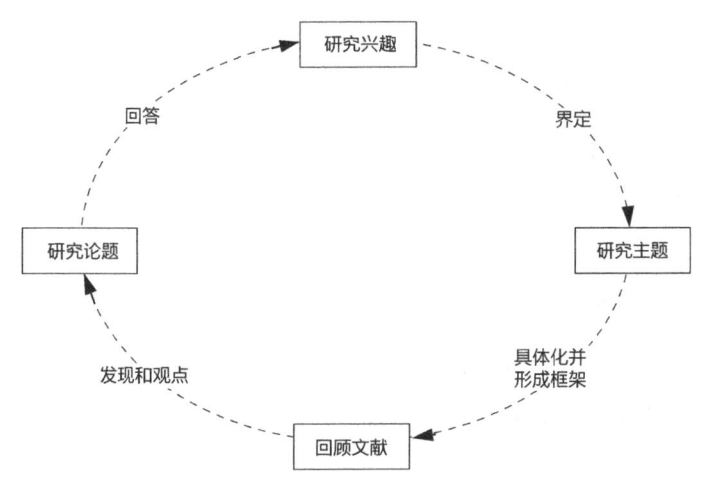

图 4.1　文献综述在论文写作中的位置

资料来源：马奇，麦克伊沃．怎样做文献综述——六步走向成功［M］．2 版．高惠蓉，等，译．上海：上海教育出版社，2020：2.

从工作流程来看，文献综述一般应该围绕文献搜集、文献阅读、文献述评和综述撰写四个环节进行。

一、文献搜集

梁启超曾说："资料，从量的方面看，要求丰备；从质的方面看，要求确实。所以资料搜罗和别择，实占全工作十分之七八。"❷可见，文献搜

---

❶　研究论题（thesis），是指基于一个论证方案而得出的结论，并且该论证方案是通过对现有知识、充足的论据和合理的论断的利用发展而来。
❷　梁启超．中国近三百年学术史［M］．北京：团结出版社，2006：69．

集在研究中具有重要性。文献搜集一般包括检索和筛选两个紧密结合的方面。

（一）文献检索

文献检索就是从众多的文献中查找并获取所需文献的过程。它贯穿于毕业论文撰写的全过程：在选题阶段通过探索性检索，以寻找研究的主题，启发研究思路；在写作阶段通过系统的检索，获得支持内容的资料；在修改阶段通过查缺补漏式检索，获得补充性文献。

要从浩如烟海的文献中找出毕业论文相关的文献，必须具备一定的文献检索知识。关于这方面的内容，我们可通过阅读相应的书籍来了解。本章中，我们只对常见的期刊论文检索方式进行简单介绍。

1. 确定文献来源

文献的丰富与复杂预示着文献检索工作的不易。那么，如何才能搜集到毕业论文所需的文献呢？文献的来源是我们首先要考虑的。

尽管从广义上来看，一切文献都可以作为研究的材料，但这并不意味着所有文献都是我们做文献综述的对象。通常，正式发表在学术期刊上的论文和正式出版的著作才是我们做文献综述所要搜集的文献。而那些非学术性期刊、通俗读物、大众传播媒介等内容则不是我们搜索的对象。

中文文献一般用"中国知网"（CNKI）、万方数据库进行检索，英文文献常用"回溯期刊数据库"（JSTOR）、"自然周刊"（Nature）、"学位论文全文数据库"（Proquest）进行检索。这些数据库，基本上各个高校及科研机构都会购买其使用权，供校内师生检索和下载所需文献。

2. 分析主题概念

分析主题概念是指对毕业论文进行主题概念分析，并用一定的概念词来表达这些主题的内容，同时明确概念与概念之间的逻辑关系。其内容主要包括以下三点。

第一，找出核心概念。实践中，我们对与毕业论文相关文献的检索通常根据两个主要方面：一是研究主题，如社会融入、公共服务可及性、文化再适应等；二是研究对象，如老年回流农民工、农村离婚妇女、村民理事会等。

第二，找出隐含的重要概念。如"智力测试"，隐含着"能力测试""态度测试""创造力测试"等概念。

第三，明确概念和概念之间的关系。单独按研究主题或按研究对象进行检索时，所得文献量可能过大，因而通常的做法是将二者结合起来进行检索。

3. 编制检索式

编制检索式是文献检索过程中最重要的一个环节，检索式的准确与否直接影响着检索结果的精确程度。

第一，确定检索词。对分析出来的概念，用具体的检索词表示。词，作为一种概念单位，存在层次性。因而我们在检索过程中不仅要关注检索词本身，还要特别关注核心检索词的上位词（如"农民工"对于"新生代农民工"就是一个上位词）、下位词（"新生代农民工"是"农民工"的下位词）、同位词（如"公共产品""公共服务""公共物品"互为同位词）等处于不同层级的检索词。

第二，拟定检索式。检索式是检索过程和各种检索技术的综合体现。检索技术是文献检索中为了减少漏检或误检而采用的控制方法，目的是提高检索结果的准确性和全面性。

布尔逻辑检索是目前使用最为广泛的一种检索技术。它将词与词的关系归纳为三种：逻辑"与"、逻辑"或"和逻辑"非"。逻辑"与"和逻辑"非"的作用是缩小检索范围，提高查准率；逻辑"或"的作用是扩大检索范围，提高查全率。这三种逻辑形式在数据库的功能设置和使用中都有体现。例如，中国知网（CNKI）的高级搜索中，在检索条件中就提供了关键词之间"AND""OR""NOT"三种检索逻辑，对应着逻辑"与"、逻辑"或"、逻辑"非"三种形式。

除此之外，还有用到截词符（？或＊）[1]的截词检索（提高查全率）、将检索结果限定在特定字段内的限定检索（提高查准率）、查找核心概念的加权检索（提高查准率）、将检索词及其下位概念一起检出的扩展检索（提高查全率）等检索技术。

（二）文献筛选

与文献检索相伴的是对文献的筛选。在信息冗余的时代，鉴别能力尤为关键。郭沫若先生曾指出："无论作任何研究，材料的鉴别是最必要的基础阶段。"[2] 在文献综述中，我们需要把从文献中学来的资料作为证据来论证我们自己的观点。这就需要我们进行两个层次的思考：一是筛选，二是述评。文献筛选，就是对检索出的所有文献，按照一定的标准进行评判和选择；文献述评就是对筛选出的文献资料作出自己的分析。这里我们先来看看文献的筛选。

对于搜索出的文献的筛选，我们通常可以从文献的可靠性和相关性两方面来考量。

1. 文献可靠性

文献可靠性可从其作者、文献载体和内容三方面来进行筛选。

首先，文献作者。是否署名？如果没有，这样的文献可靠性存疑，建议不要阅读。是真名还是化名？如果是后者，同样不建议继续阅读。如果

---

[1] ？表示有限截词关系，一个？代表一个字符；＊表示无限截词关系，一个＊代表n个字符。
[2] 郭沫若. 十批判书 [M]. 北京：东方出版社，1996：2.

文献作者有真实的署名，那再考察他是否具备这一议题的相关经历。如他从事的是什么工作？他有什么样的学术背景？他的学术声誉如何？一般而言，好的作者都爱惜自己的名声，其文献也就相应比较可靠，具有更大的参考价值。

其次，文献载体。这可通过来源渠道、类型、发表时间等方面进行综合判断。

来源渠道上，看其是仅有网络文献还是同时有纸质文献。由于网络降低了文献发表的要求，使得网络文献质量良莠不齐。

文献类型上，若是网络文献，看其是自媒体文献还是官方媒体文献。纸质文献，看是期刊、书籍还是报纸。期刊文献看其归属学科、期刊级别、影响因子等，如是否是 SCI，SSCI 一区、二区，CSSCI/CSCD，北大核心等；书籍文献看其出版社级别、声誉等；报纸看其主办单位，如《人民日报》《参考消息》《光明日报》等主办单位都很权威。

发表时间上，一般发表日期越近的文献，越可能包含更新的发展、更成熟的自主知识谱系、更新的研究方法、更新出现问题的处理。一般而言，若不是做历史研究，我们尽可能使用近三年的文献。如果这样的文献数量相对较少，再往前推到近五年或更久。不过，经典文献不在此列，它们往往具有独到的方法、视角和观点，具有重要的长久的参考价值。

最后，文献内容。这可通过文献的题目、摘要、文献综述、研究模型、研究方法，以及得出结论的可靠性等来判断。确定的数据来源、清楚的研究方法、严谨的研究逻辑，能够让读者知道作者的研究过程，验证作者的研究结论。如我们可通过判断前言中作者提出的问题是否为真问题、引证文献是否断章取义或只引用对自己有利的观点、文献述评是否保持价值中立等来筛选需进一步阅读的文献。

另外，我们还可通过文献的引用率来判断其可靠性。有时，受限于期刊容量、作者资历等条件，部分优质的相关文献也可能发表在级别相对低一些的刊物上，这时，我们可以通过文献的被引率来判断是否将其纳入阅读范围。

2. 文献相关性

与我们毕业论文主题相关的文献通常是很多的，但它们与我们要写的论文相关的程度却不尽相同。有的密切相关，有的只是沾边。而相关程度越弱的文献往往数量大。约翰·W.克雷斯威尔曾指出，与研究课题有关的文献通常是一个倒置的三角形，这个倒置三角形的底端是正在计划中的研究课题，被倒置的底边是可供参考的资料，尽管它们与我们所着手的这项研究并不直接相关❶。所以，我们筛选文献时，相关性是一个不可忽视的判断依据。

文献相关性应该符合合适和准确两个标准。合适的资料指的是符合论断语境的资料。例如，若论断陈述的是农村空巢老人幸福感现状，而资料却是农村老人的现状，那么资料就不合适。准确的资料是指资料符合逻辑，客观真实。毕业论文写作中，建议大家可根据自己申请学位的学科归属，选择相对权威准确的文献：一方面优先选择本学科的核心期刊、专著等；另一方面选择本学科、本领域影响力相对大的作者，重点关注那些对论文议题有一定贡献的专家。

二、文献阅读

文献搜索后就进入文献阅读阶段。在具体操作中，文献搜索和文献阅读是交替进行的。文献阅读是全面掌握文献观点、内容、研究设计、研究

---

❶ 克雷斯威尔.研究设计与写作指导：定性、定量与混合研究的路径[M].崔延强，译.重庆：重庆大学出版社，2007：66.

方法的过程，也是写好综述的基础。

因目的不同，文献阅读的方法也不尽相同。因此，在文献阅读阶段，可先将搜集到的文献进行分类，再确定文献的阅读顺序和具体的阅读方法。

（一）文献分类

阅读文献不能平均用力，需要将筛选出的资料按照我们的思维结构进行分类。通常，可将筛选出的文献按照相关程度高低进行如下分类阅读。

（1）核心文献，是指与毕业论文相关度最高的文献。通过阅读，我们可了解：作者为什么研究这一议题？利用何种理论工具、通过什么方法、采用何种逻辑来解决研究问题的？得出什么样的研究结论？这将有助于我们下一步的文献对话。因此，核心文献是我们需要精读的文献。

（2）经典文献，是指本学科、本领域大家所共知、常会引用的文献。通过阅读经典文献，有助于我们对核心概念的理解，进而掌握本学科的基本话语，逐渐养成本学科的理论素养，学会建构研究的分析框架等。可见，经典文献的阅读尤为重要，甚至可贯穿我们的一生。

（3）沾边文献，是指与毕业论文不直接相关的文献。这类文献或为拓宽我们的视野，或为采集资料而读。这类文献，建议快速阅读，找到与毕业论文相关的部分，摘录下来，以备后续综述撰写或引证等需要时使用。

（二）阅读顺序

对于文献阅读的顺序，有学者给出了很好的建议："从最近的研究成果开始你的阅读常常是有益的。它可以达到两个目的：一是使你更快地注意知识和认识的现状，二是最新研究常常包括以前研究的参考资料。"❶ 阅读文献过程中，要重点关注文献中的研究目标、研究问题、研究对象、研究逻辑与方法、研究结论、研究局限与展望，以便能发现已有研究的贡献和不足，从而提出自己的研究问题。

（三）阅读方法

对每一篇需要阅读的文献，尤其是核心文献，建议按照结构、逻辑、思想的方法进行阶段式阅读。《会读才会写：导向论文写作的文献阅读技巧》一书中，提出了一种可以通过作者自创的"阅读密码表"进行文献阅读的方法，认为阅读社会与行为相关的科学期刊论文时，可将其作为在结构、技巧和语法方面可解码的文本处理。❷ 有需要的读者可以通过阅读该书进一步学习。

三、文献述评

前面我们提到，在做文献综述时需要进行两个层次的思考：一是筛选，二是述评。这里我们来看看如何进行文献的述评。

文献述评就是对筛选出的文献资料作分析。一篇好的文献综述必须能够将已有的发现发展成为支撑自己论文的证据，我们一般通过发现式论证和支持式论证来建立论证方案。发现式论证陈述事实并回答问题："你对研究对象了解些什么？"支持式论证回答问题："依据我们所知道的情况，我

---

❶ 埃思里奇. 应用经济学研究方法论 [M]. 朱钢，译. 北京：经济科学出版社，2007.
❷ 钟和顺. 会读才会写：导向论文写作的文献阅读技巧 [M]. 韩鹏，译. 重庆：重庆大学出版社，2015.

们能就研究问题得出什么样的研究结论？"❶

文献述评是文献综述中最难的一部分：既要做到对已有文献进行详细的梳理分析，了解与论文主题相关的研究已取得的进展，分析这些研究是如何帮助我们认识研究对象的；又要通过对已有文献恰如其分的评价来引出我们的观点。为此，可以把来自不同文献中的资料归纳总结，发现规律；可以把文献中的资料与某一具体情况相结合进行演绎分析；可以通过溯因分析提出自己的假说；也可以通过比较文献资料的不同点，发现关键因子；还可以把所有文献资料放在一起，找出已有研究的不足，发现研究机会。

（一）文献论述

文献论述，就是把资料和观点按照一定的逻辑组织起来，建立合适的论证方案进行分析论证并形成结论的过程。其目的是：发现关于研究问题我们已经知道了什么。

1. 文献组织

文献组织就是根据我们的个人技能和偏好将文献信息记录后，按照一定的标准（如文献观点、研究对象、研究视角、研究方法）对其进行分组，使之成为证据的过程。其中，文献观点是常采用的分组标准。提炼观点时，要力求做到准确无误、不片面理解。《怎样做文献综述——六步走向成功》这本书中，劳伦斯·马奇和布兰达·麦克伊沃两位学者对组织信息、建立证据的过程给出了较为详细的操作方法。❷ 下面是书中给出的将资料转变成证据的文献研究矩阵（表4.1），供大家学习参考。有需要的读者可以通过原著进一步学习。

---

❶ 马奇，麦克伊沃. 怎样做文献综述——六步走向成功[M]. 2版. 高惠蓉，等，译. 上海：上海教育出版社，2020：79.

❷ 同 ❶.

表 4.1　文献研究矩阵[1]

类目	集中收集到的信息			
	关键概念或关键词（1）	引文或参考资料（2）	主要观点（3）	资料质量（4）
	从图表和书目卡片中来	从图表和书目卡片中来	从图表和书目卡片中来	资料是否符合质量标准（是或否）
作者/篇名/期刊（A）				
作者/篇名/期刊（B）				
作者/篇名/期刊（C）				
作者/篇名/期刊（n）				

2. 建立论证方案

建立论证方案是指按照一定逻辑形式组织和安排一系列的事实，通过这些事实来证明研究课题中的中心论点。[2] 论证，简言之就是论述并证明，它是最基本的逻辑思维方式，指用逻辑和可靠证据支撑论断的过程。论证在日常生活中随处可见，如你买东西过程中的讨价还价就是在论证这个东西价格应该再低一点。一个有说服力的论证可以有各不相同的呈现方式，但一个统一的要求就是：论证必须在逻辑上证实论文的观点。一个简单的论证通常由论断、证据、推理三个基本要素构成。

论断，是论点的声明或主张，是对研究问题的直接回答。在一个有说服力的论证中，论断应该是一个声明性的陈述，表达一种让人思考并接受的立场或观点。论断通常分为五种类型：事实论断、价值论断、政策论断、概念论断和解释性论断。[3] 它们的含义和用途如表 4.2 所示。

---

[1] 马奇，麦克伊沃. 怎样做文献综述——六步走向成功 [M]. 2 版. 高惠蓉，等，译. 上海：上海教育出版社，2020：83.

[2] 同 [1] 59.

[3] HART C. Doing a Literature Review: Releasing the Social Science Research Imagination [M]. London: Sage Publication, 2001.

表 4.2　论断的种类和用途[1]

论断的种类	含义	论证用途	证据
事实论断	关于人物、地点或者事件的陈述	陈述一个事实	数据核实资料
价值论断	对观点优劣、行动过程、行为或立场等作出评价和判断	评判行动过程、行为或立场	专家类支持性资料
政策论断	确定准则或标准的论断	提出应该做什么	专家或轶事类支持性资料
概念论断	对主张、观点或者现象的定义或描述	下定义	专家类支持性资料
解释性论断	为理解某种观点提供参考资料框架的论断	提供联系各个概念的框架	经过专家证实过的文件、实证研究、统计研究、逸闻趣事研究

这五种论断基本上涵盖了文献综述写作常用的类型。无论何种类型的论断，都需要符合以下三个标准：一是表述清晰，不可含糊其词；二是具备现实性和伦理上的可接受性；三是能够被验证和讨论。

证据，是一系列用于支撑论断的资料。资料不等同于证据：资料是琐碎的信息，没有价值倾向，其本身也不作任何判断；证据是为某个目的而收集的资料，其质量（作为有利证据的力度和可信度）和相关程度（合适和准确）决定了资料作为证据的价值。毕业论文写作中，把文献信息资料转换成支持性的证据，用以证明论文论点，是我们需要完成的一项重要任务。

推理，是组织证据推出论断的逻辑过程，用以说明证据和论断间的关联性。在论证中，推理是最抽象、最困难的要素。推理有时被认为是我们大脑中的一些预设，是一种关于这个世界的常识性概括，通常被大家认为是不证自明的。其合理程度也会对论证的质量产生影响。例如：

---

[1] 马奇，麦克伊沃.怎样做文献综述——六步走向成功[M].2版.高惠蓉，等，译.上海：上海教育出版社，2020：66.

[论断]张三会患肺癌,[证据]因为他吸烟了,[推理]而吸烟会导致肺癌。

这个论证表面上看是完整的,但其推理却很难让读者接受,原因如下:当我们说"吸烟导致肺癌"这句话的时候,其背后的含义是什么?它并不意味着吸一支烟就会得肺癌,甚至也不意味着重度吸烟的人一定会得肺癌,因为事实上一些重度吸烟者并没有患肺癌。那么,研究人员是怎么得知吸烟会导致肺癌的呢?这不过是偶然的发现。因为医生注意到患肺癌的病人中有相当一部分是吸烟者。因此,研究人员将吸烟者和非吸烟者的肺癌情况进行了对比研究,结果表明:重度吸烟者更容易患肺癌。

3. 发现式论证

发现式论证是讨论并解释有关研究对象的已有知识,主要通过现有证据的呈现来证明论断,从而得出"我们知道了什么"的结论。

(二)文献评价

文献评价紧随文献论述,从文献论述到文献评价通常运用"然而""但是"等转折词连接,通过指出已有文献的缺憾来引出我们的研究议题。对已有文献的评价要尽可能做到客观公正,既肯定其优点,又指出其不足。不过,建议尽可能用比较肯定的语言来评价他人的研究。正如李连江老师所说:"抬高对手不会贬低自己,贬低对手恰好就是贬低你自己。如果你说人家的研究做得不好……你即使好一点,那也没什么了不起。如果人家的研究已经很好了……你比他还要好一点……那才说明你真有点东西。"❶我们来读读下面的文献评价,你有什么感受?

---

❶ 李连江. 不发表 就出局 [M]. 北京:中国政法大学出版社,2016:101.

👉 示例1

[文献评价]然而，当前的文献大多是在狭义上理解组织规章制度与循规行为。自韦伯以来，人们通常将组织规章制度看作保证现代科层制效率的技术要求。从这一角度来看，规章制度是组织功能性结构的部分。决策文献中的另一种解释认为……这一思路认为，规章制度与循规行为只是个体最大化行为的派生物，可以在具体决策情境下加以解释。[引出议题]我从广义上提出"循规行为"这一概念。我们要解释组织决策，就必须超越即时决策情境，去认识那些正式或非正式规章制度是如何制约决策者、塑造他们对风险和偏好的判断、规定面临的可能方案和选择、建构他们学习遵循的决策规则。❶

👉 示例2

总体来看，以上研究从不同角度探究了驻村干部的工作方式、工作价值与工作逻辑。这为本文提供了较好的理论支撑、思路借鉴与素材积累。[文献评价]但是，这些研究尚未从动员式治理和嵌入式交往的角度对驻村干部的工作艺术进行理论升华。[引出议题]鉴于此，本文拟运用协商民主理论，着眼于脱贫攻坚时期驻村干部的工作艺术与工作经验，从动员式治理和嵌入式交往两个层次探讨驻村干部与群众交往的艺术与方法，进而为乡村振兴阶段的干部驻村工作提供借鉴与启示。❷

---

❶ 周雪光，李贞.组织规章制度与组织决策[J].北京大学教育评论，2010（3）.
❷ 谢治菊，卢荷英.动员式治理与嵌入式交往：驻村干部工作艺术与乡村振兴[J].湖北民族大学学报（哲学社会科学版），2022（2）.

示例3

[文献评价]总结以往研究成果，存在以下研究空间：一是对柔性治理的研究多停留在抽象理论层面，实践案例较少；二是对柔性治理的操作化和落地化问题关注不足；三是缺乏对驻村干部柔性参与乡村治理内在机制的深入讨论。[引出议题]因此，本文提出"柔性嵌入"的概念，以笔者2020年7—8月在辽宁省X县的田野调查资料为案例，对驻村干部参与乡村治理的实践机制进行深入研究，期望为乡村全面振兴时期的驻村帮扶政策落地提供智力支持。❶

上述文献评价的目的尽管相同，都是为了引出自己论文研究的问题，但其表现形式与作者的写作风格密切相关。如果你作的文献评价，让人家感到心里不舒服，或者感到你有意无意地贬低他，那就说明你的学问还没到火候。❷

已有研究在给我们很多启示和帮助的同时，也会留下一些局限。而正是这些不足，给我们的论文写作提供了新的思路和空间。而且，明确了已有研究的不足，我们就能在自己论文写作中进行改进。那么，如何找到现有文献中的薄弱点呢？

同一议题文献间存在着学术继承的关系，较新的文献通常是建立在对已有文献评价的基础上。我们可通过分析作者文献评价的依据，找出其中的共性判断，再结合自己论文的研究目的，确定自己的评价维度。例如，代佳欣老师在研究"农民工基本医疗卫生服务可及性"问题时，发现既有

---

❶ 郑永君,等.驻村干部参与乡村治理的柔性嵌入机制[J].西北农林科技大学学报（社会科学版），2022（2）.

❷ 李连江.不发表 就出局[M].北京：中国政法大学出版社，2016：102.

研究中"基本医疗卫生服务可及性形成机理的理论框架有待拓展",进而提出了"运用'嵌入过程'的分析方法",探索性地构建了一个解释我国农民工基本医疗卫生服务可及性何以形成的"嵌入性"框架。❶

国内外学界围绕基本医疗卫生服务可及性的不同领域也已形成许多研究成果。但总体而言,既有研究虽在可及性概念、可及性形成机理和影响因素等方面作了不少工作,但当我们试图从中破解我国农民工基本医疗卫生服务可及性何以形成的问题时,则发现既有研究还存在一些短板:一是基本医疗卫生服务可及性的本土研究不够。国内既有文献普遍直接引鉴西方研究基本医疗卫生服务可及性的话语范式,聚焦我国具体问题、特定群体和场域的研究匮乏。二是基本医疗卫生服务可及性形成机理的理论框架有待拓展。西方基本医疗卫生服务可及性何以形成的经典分析范式具有重要借鉴价值,但国内既有文献未对其进行系统梳理和比较,并在此基础上发展可及性何以形成的理论框架……从这个意义上讲,本文通过构建和分析"嵌入性"框架,试图解答农民工基本医疗卫生服务可及性的形成机理。❷

又如,对"少数民族搬迁移民的社会融入"问题,通常社会学学科研究较多,但贵州大学 2017 级 MPA 毕业论文在该研究对象前加入了"政策工具视角",其就成了公共管理学科的研究议题。

---

❶ 代佳欣.农民工基本医疗卫生服务可及性何以形成:基于"嵌入型"框架的分析[J].西南民族大学学报(人文社会科学版),2020(10).

❷ 同❶.

四、综述撰写

文献综述反映了作者对所研究议题文献的掌握程度和述评能力。综述撰写就是前文所述的作为"结果"的文献综述，它的写作一般没有固定的格式，有时作者将其融入导言中以论证自己研究目标的合理性；有时作者将其融入研究设计中，以提供理论框架；有时作者把其作为论文的一部分单独列出，找出已有研究的不足，从而发现研究机会。不过，对于毕业论文的文献综述，一般是采用单独列出的方式来呈现的。

从我们指导和评阅过的毕业论文来看，大家常采用的综述撰写的方式主要有以下几种。

（一）主题式扩展

主题式扩展是将主题或核心概念作为组织线索，通过主题分类或概念归类，对主题概念进行清晰描述。对于定量研究论文，可围绕自变量与因变量间关系进行写作。具体可参考克雷斯威尔的方法，他把主题分为三类，分别是关于自变量的文献、关于因变量的文献、关于自变量与因变量的关系的文献。❶

如果毕业论文写作中没有明确的自变量和因变量，克雷斯威尔的方法就不太适用。此时，可参考乔纳森思科提供的思路进行写作：先是运用气泡图来尝试对文献进行分类（图4.2），便于从更抽象的视角理解文献综述，然后为每个主题（气泡）创建标签，这个标签就是每个主题的副标题，按

---

❶ JOHN W CRESWELL. Research Design: Qualitative and Quantitative Approaches[M]. Thousand Oaks, CA: Sage Publications, 1994.

照副标题来组织文献，就比较容易形成条理。❶

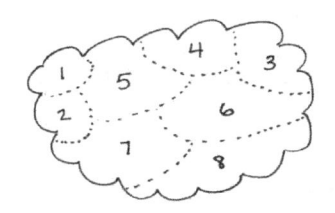

图 4.2　按照主题来组织文献的气泡图 ❷

《动员式治理与嵌入式交往：驻村干部工作艺术与乡村振兴》❸ 一文中综述撰写方式采用的就是主题式扩展。

事实上，我国脱贫攻坚战之所以能取得彪炳史册的伟大成绩，原因较多，其中之一就是向村庄派出了 300 余万的驻村干部……这一点，现有研究从以下三个角度来呈现。

一是从村干部角度出发，阐述分别代表国家治理、基层政治的第一书记和村党支部书记（以下简称"村支书"）双重治理格局下的"双轨治理"的重要价值（谢小芹，2017）。研究认为，作为内生动力的村干部拥有内部信息优势，能构建起外部帮扶力量与内部农户的沟通桥梁，协助驻村干部获取真实资料（刘建生等，2019）。但是，两者的关系并不总是和谐的，村干部会因担忧自己的权力地位被削弱而可能对驻村干部采取消极配合的行动逻辑，成就动机低的驻村干部也可能产生"不出事、不惹事"的消极行动逻辑（丁波，2019）。

二是从驻村干部出发，阐述其特殊的政治身份及行动逻辑。驻村干部被

---

❶ T JONATHAN CISCO. Teaching the Literature Review: A Practical Approach for College Instructors[J].Teaching & Learning Inquiry, 2014, 2 (2): 41-57.

❷ 同 ❶.

❸ 谢治菊，卢荷英.动员式治理与嵌入式交往：驻村干部工作艺术与乡村振兴 [J].湖北民族大学学报（哲学社会科学版），2022 (2).

当地村民视作带领他们走向脱贫致富的领头人，其携带的"官方"身份更是让村民寄予厚望。再加上驻村干部拥有国家和社会代理人双重叠加下的特殊政治身份，这使得他们能够在基层治理中表现出政治动员、跨部门互动以及人格化交往等非科层化运作特征（袁立超，2017）。面对上级"挤压"到基层社会治理中的众多任务指标，大部分驻村干部都会采取"为达标而作为"的行动，表现出"实绩达标""名义达标"与"数字达标"三种行为，前者的效果较为明显而后两者却没有实际性效果（彭云等，2020）。

三是从干群关系出发。阐述驻村干部对基层社会治理带来的影响。税费改革是农村干群关系发生改变的重要节点，税费改革以前，干群之间因为税费提取而被绑定在一起（李祖佩，2013），两者的关系"紧密"但紧张；而税费改革的实施减轻了农民的负担，使干群关系得以缓和（贺雪峰，2008）。在干群之间，利益因素是影响两者关系的根本因素（贾义保，2011），而两者关系的好坏又会进一步影响农户的动员效果及其对制度规则的认同效应（何凌霄等，2017）。因此，如果说此前干群之间所表现出来的井水关系、鱼水关系等（张分田等，2011）以及少数乡村后来逐渐"异化"成的油水关系、水火关系（曹姝，2011）等大多属于一种管理与被管理、领导与被领导关系的话，那么驻村干部所带来的干群关系则是一种不断走向平等与合作的新型治理关系（史云贵，2020）。

总体来看，以上研究从不同角度探究了驻村干部的工作方式、工作价值与工作逻辑，这为本文提供了较好的理论支撑、思路借鉴与素材积累。但是，这些研究尚未从动员式治理和嵌入式交往的角度对驻村干部的工作艺术进行理论升华。鉴于此，本文拟运用协商民主理论，着眼于脱贫攻坚时期驻村干部的工作艺术与工作经验，从动员式治理和嵌入式交往两个层次探讨驻村干部与群众交往的艺术与方法，进而为乡村振兴阶段的干部驻村工作提供借鉴与启示。

（二）横向结构式

横向结构式是按照研究视角、研究方法、研究维度、研究观点、学术流派等并行关系对文献资料进行组织，进而呈现综述结果的方式。在《乡村振兴与脱贫攻坚衔接背景下对口支援的双边匹配机制研究》一文中，综述撰写方式采用的就是横向结构式，其分别从学科领域、研究维度两方面对对口支援议题进行文献梳理。❶

学者们从不同学科领域对对口支援进行了全方位研究。

在经济学领域，基于财政均衡理论，对口支援制度更多的被视为一种中国特色的横向财政转移支付制度（伍文忠，2012），东部地区向西部地区提供财力、人力和物力，本质上是政府财力牵动的要素流动，政府通过财政分配活动促进地区均衡发展（石绍宾等，2020）。刘金山和徐明（2017）使用统计方法证实了对口支援制度在促进受援地区经济发展的有效性。学者们一致认为，对口支援制度应发展成为中国特色的横向转移支付制度，并上升到法律层面，形成有效机制。

在政治学领域，对口支援制度被视为在中国特定政治环境中诞生与发展的一项中国特色的政策模式（赵明刚，2011），通过上级主导下级之间进行多层级的横向竞争（钟开斌，2018），人为地建立了支援地与受援地之间政治、经济联系，构建了新型的央地关系（杨龙等，2018），通过思想动员、政策激励、组织协调等机制有效缓解了国家规模治理负荷问题。

关于对口支援的政策效果，有学者认为对口支援巩固了边疆地区和谐稳定、推动了受援方经济社会的全面发展、缓解了地域贫困问题。也有学

---

❶ 文雷，李若飞，张淑惠.乡村振兴与脱贫攻坚衔接背景下对口支援的双边匹配机制研究[J].学习与探索，2022（8）.

者认为对口支援政策效果不佳，实施机制过度依赖行政权威、难以有效建立互利共赢的协作格局（李瑞昌，2015）、优势产业转移水土不服、帮扶效果低下、地方政府间存在恶性竞争等（刘金山等，2017）。实证研究显示，对口支援政策显著促进了受援方的经济增长与民生建设（刘金山等，2017）、优化了产业结构（董珍等，2019），缓解了受援方的城乡收入差距（徐明等，2018），但对经济发展差距的弥合作用有限（赵晖等，2020）。吴国宝（2017）注意到精准扶贫阶段新追加的协作区域更多地以脱贫任务为导向，较少考虑区域间资源优势互补等因素，导致企业参与协作难度增加，东西扶贫协作对东部地区政府资金投入的依赖性增加。

（三）纵向结构式

纵向结构式是按照时期、阶段等纵向特征对文献资料进行组织，进而呈现综述结果的方式。如果你毕业论文的议题随着时间的推移发生了明显的、阶段性的变化，那你就可按照时间顺序来组织文献，勾勒出研究对象在不同发展阶段的特征。在《中国当代家庭、家户和家的"分"与"合"》一文中，综述撰写方式采用的就是纵向结构式，作者按照时期特征将文献资料分为民国时期和20世纪80年代以来两个阶段进行文献梳理。❶

我国学者对家庭、家户和家内涵和成员范围的探讨始于民国时期。新中国成立后至20世纪70年代家庭研究不受重视，研究者对家庭有关问题的最新关注和家庭相关概念的界定始于20世纪80年代。以下从民国和20世纪80年代以来两个阶段对既有研究加以梳理。

（一）民国时期

对家庭所作的具有现代社会学意义的研究20世纪20年代之后才出现，

---

❶ 王跃生.中国当代家庭、家户和家的"分"与"合"[J].中国社会科学，2016（4）.

一批受过西方社会学训练的学者根据中国社会实际对家庭进行定义，并在其调查实践中加以运用。

李景汉20世纪30年代初在所著《定县社会概况调查》一书中指出：家庭系包括一切共同生活之人口而言。凡与本家有密切之经济关系者虽未在家居住，亦算本家之人。凡已脱离经济关系者，虽在同院居住之弟兄，亦不算为一家……

言心哲1934年在江苏江宁县进行了286个农家调查……

费孝通在《江村农民生活及其变迁》一书中指出：家是一个未分家的、扩大的父系亲属群体，它不包括母亲方面的亲戚和已出嫁的女儿……

以上学者中，李景汉和言心哲试图将"家庭"成员范围（虽不共同生活但有密切经济关系者也被纳入同一家庭中，这一定程度上超出了"户"范围）和"户"成员范围（非亲属但共同生活者也是户成员，又超出了家庭范围）加以兼顾，由此导致"家庭"和"户"之间的界限模糊。费孝通对家庭、家户和家都有论述，并通过所考察村庄村民居住方式和关系形态加以说明，但定义尚不明确。

（二）20世纪80年代以来

杨善华、沈崇麟20世纪80年代以来组织的家庭调查均以"共同生活"成员为基础，其成员"既包括两地分居的配偶，还包括因上学离家但是仍受家庭供养的子女"……

一些研究者在其组织的调查中试图进行具有个性的定义。李银河主持的一项调查提出主观家庭和客观家庭概念……

而基于人口普查数据的家庭研究实际是将家户或家庭户作为分析对象，除前述曾毅等人外，郭志刚主要依据1982年和1990年人口普查数据写出《当代中国人口发展与家庭户的变迁》，他在具体的论述中将家庭和户作为一种形态来分析，并未对二者进行区别。王跃生以1982年以来四次人口普查的家庭户数据为基础探讨社会变革和转型时期中国城乡家庭结构的变动及其特征。

鉴于中国当代人口和家庭的新变动，一些研究者试图采用新的概念解释家庭形成。有学者提出独生子女婚后形成的家庭是"四二一"家庭……

与民国时期不同，20世纪80年代以来的研究者对家庭、家户和家均有涉及。相对来说，社会学学者以家庭为视角的研究较突出，而人口学者则以人口普查中的家庭户数据为基础对当代家庭进行宏观考察。超越个体家庭和家庭户的研究，对具有密切关系的群组家庭也有初步探究。然而，多数研究并未对家庭、家户和家给出比较明确的定义，其范围和界限也不明确。

整体而言，迄今家庭、家户和家内涵和边界的探究比较薄弱，至于对其进行综合性的"分"与"合"或差异与关联分析更少见。

学者多根据自己的研究需要和认识确定家庭成员的范围，由此不同调查所获家庭结构、规模等有别，降低了可比性。这种状况与民国以来家庭研究的独特进程有关。民国时期家庭研究在初步发展之后即陷入较长期的停滞，之后重新起步。对于当代家庭在复杂的社会变革之中所发生的变动，人们尚需要一个认识过程。我们认为，改革开放以来家庭研究已持续三十多年，这方面已积累了较丰富的实践经验，从理论上对三者内涵进行提炼和概括、认识其功能进而明确其"分""合"状态的时机已经成熟。

从上面例子可以看出，无论采取何种形式进行综述撰写，都需要对文献资料进行梳理、分析、评价；都需要在文献综述的最后一部分进行总结，分析已有研究的不足和局限，从而提出自己论文的研究议题、研究方案。

本章要点

* 文献是记录知识的一切载体。
* 文献的分类维度：载体、加工程度、出版形式、资料来源等。
* 文献在论文写作中的作用：引出观点、提供概念、提供要素等。
* 文献综述从本质上可分为：作为"过程"的文献综述和作为"结果"的文献综述。
* 做文献综述一般应该围绕文献搜集、文献阅读、文献述评、综述撰写四个环节进行。
* 文献搜集一般包括检索和筛选两个紧密结合的方面。文献检索就是从众多的文献中查找并获取所需文献的过程。文献的筛选，通常可以从文献的可靠性和相关性两方面来考量。
* 在做文献综述时需要进行两个层次的思考：一是筛选，二是述评。
* 综述撰写的几种方式：主题式扩展、横向结构式、纵向结构式。

课后实践

* 和同学一起讨论文献综述的意义及其与毕业论文间的关系。
* 从本学科学术刊物中选择几篇经验研究论文，阅读其中的文献综述，感受和分析文献综述的结构和写作方式。
* 拟定一个选题，阅读相关文献并在此基础上写一篇文献综述。

第五章 研究设计

> **启发式问题**
>
> 1. 毕业论文的写作中为什么需要介绍研究设计?
> 2. 理论的作用是什么?如何运用理论框架?

在写作毕业论文时,有些同学非常不理解为什么要在论文中介绍自己的研究设计。在他(她)们看来,根据搜集到的资料完成了论文写作的工作,把研究结果呈现出来就可以了,没有必要在论文中花大段的篇幅介绍研究设计。这种想法对吗?

第一节　研究设计的作用与类型

一、研究设计的作用

只要是经验性的学术论文，都一定会详尽地介绍自己的研究设计，因为研究设计有着如下重要的作用。

（一）展示研究者的专业性和研究能力

研究方法与研究的选题具有一定的关联性，某些选题可能适用多种方法，某些选题则可能只适用一两种方法。在对一项研究进行设计时，如果选用了不恰当的方法来进行研究，就说明研究者的专业性不强，研究能力比较弱，读者没有必要浪费时间来阅读其研究成果。

比如研究两个变量的关系，如果介绍说运用的是质性研究方法，显然无法说明关系的大小，只能说明关系的方向。加之研究因样本太小缺乏代表性，这样的研究设计就说明研究者不专业，缺乏研究能力。

研究者的专业性和研究能力还体现在是否使用了专业术语。例如，如果使用访谈法，就要明确访谈的对象，说明是结构式访谈还是非结构式访谈；如果运用焦点小组访谈法，就要说明访谈的主题是什么，为什么运用焦点小组访谈、哪些人参与了焦点小组访谈。

如果没有使用专业术语，研究设计的介绍就会模糊不清，也会使读者质疑研究者的专业性和研究能力。

与行业部门座谈了解播州区近年来辣椒产业发展的现状,从专业的角度分析播州区辣椒产业发展遇到的困难及发展的前景。对虾子镇辣椒市场进行走访,了解近年来辣椒的价格走势及2020年遵义市的辣椒价格。到播州区马蹄镇进行实地走访,与村组干部座谈了解当地辣椒产业合作社的运作模式,以及当地辣椒收购、销售中间环节是如何衔接企业和椒农的。对当地个体椒农进行走访,了解其种植辣椒存在的问题以及对辣椒价格的预期、承受程度等。

(《关于播州区优质辣椒全产业链发展模式探索的调研报告》,贵州大学公共管理学院2021年调研报告大赛参赛论文。)

上面的研究设计介绍运用了"座谈""走访""实地走访"等概念,给读者的印象是政府、行业部门的工作报告,而不是学术论文。座谈是就某一主题的不拘形式、不拘内容的访谈,如学校会就如何提升教学质量组织师生进行座谈。对于专业的学术研究,则不能模糊地介绍"与某某某座谈",而是运用"焦点小组访谈",并具体介绍哪些人参与了焦点小组访谈,焦点小组访谈的问题是什么。作者提到的"近年来辣椒产业发展的现状"这一问题,不适合运用焦点小组访谈法,而应该以对这一情况比较了解的专业人员为对象运用一对一的非结构式访谈法,或者对普通的种植辣椒的农户进行问卷调查。

至于"走访""实地走访",不知道是用的观察法还是访谈法,或者是两者都有,也不清楚是如何运用的,具体时间、对象是什么,这些不专业的术语出现在研究设计中,使得研究的质量大打折扣。

(二)通过研究设计来评价资料的信度和效度

研究设计的介绍在学术论文中之所以重要,主要是因为科学研究不仅看重结论，而且在一定意义上更看重的是研究过程。因为其他研究人员只有知道了研究所采用的方法和具体的操作步骤，才能对一项研究的科学性进行评判。因此，在报告中必须明确地说明是如何进行研究的，从而让其他研究者对资料的信度、效度进行评价，把握研究的质量。请看如下范例。

示例1

本文主要运用的研究方法有：

（1）实地访谈法。对治安问题运用网络化治理理论分析，就要了解清楚贵阳市溪北社区的最近一段时间的情况，包括社区的基本情况、社区治安治理工作的开展情况、网络化治理中的多元行动主体发挥的作用、各行动主体之间如何沟通协调，以及在溪北社区中存在的问题。笔者设计了访谈提纲进行访谈，以便获得更多真实的信息反馈，访谈的对象包括社区居民、溪北街道办的工作人员、网格员、物业公司的管理人员、保安人员等，通过访谈，对社区的真实的治安概况有了更深入的了解……

附录

贵阳市溪北社区治安治理情况访谈提纲

所在小区：　　地址：

1. 请您谈谈居委会成员由哪些人员组成，他们日常的工作职责是什么。
2. 请您介绍社区人员工作构成情况、数量及类型。
3. 请您谈谈目前有哪些主体参与到社区治安治理中，具体分工是什么？工作效果如何？

4. 请您谈谈社区民警人员构成（数量、刑种），日常工作是如何展开的。

5. 社区居委会与上级安全管理部门在处理社区公共安全事件中是如何协调运作的？

6. 请您介绍社区治安治理的具体应急方案、政策、措施。

7. 您认为辖区居民的公共安全意识怎么样？参与度如何？

8. 您认为居民在处理社区治安治理工作时发挥作用了吗？应该发挥什么作用？

9. 请问您认为就社区治安治理现状来看，各治理主体还应从哪些方面做出努力进一步提升社区治理的工作效率？

10. 您认为社区治安治理存在哪些困难，应该如何解决？

（《网络化治理理论视角下社区治安问题研究——以溪北社区为例》，公共管理学院城市管理专业2021届毕业论文。）

上面的研究设计运用的是质性研究方法，但完全没有对如何进入研究现场及如何与访谈对象建立联系等问题进行说明，因此读者无从判断资料的可信度。在附录部分，作者没有针对不同的受访者提供不同的访谈提纲，因此我们认为资料的效度不够。

（三）方便与其他研究进行比较

在撰写毕业论文或其他学术文献时，研究者经常会将其他的研究与自己的研究进行比较，从而比较直观地看待、评判、理解自己的研究结论。但是，不同的研究是否可以直接比较，取决于研究设计中的一些重要内容，如概念的界定，虽然都是研究"贵州农民工"的研究成果，但如果一个研究中的"贵州农民工"指的是从其他省到贵州来务工的农民工，而另一个研究中的"贵州农民工"指的是从贵州到其他省去务工的农民工，则两者实际上是完全不同的群体，这样的比较就没有意义。而"贵州农民工"到底指的是哪一个群体，就必须在研究设计中予以说明。

除了概念的界定，概念的测量方法也决定了不同研究结论之间的可比性。以"二孩生育意愿"研究为例，我们发现，许多研究对"二孩生育意愿"的测量方法是不相同的，因此研究结论就很难直接比较。而另一些研究的测量方法很接近，结论就可以比较。

"你是否打算再生育一个孩子"[1]

"如果不考虑计划生育政策、经济和健康，一个家庭里面有几个孩子最理想"[2]

"是否想要二孩"[3]

"你们符合可以生育两个孩子的政策，是否再要第二个小孩呢"[4]

"如果您符合生育二孩的条件，您打算生育两个孩子吗"[5]

"您和您的配偶是否有生育第二个孩子的意愿"[6]

"请您回忆，在一年之前，您和您的配偶是否有生育第二个孩子的意

---

[1] 杨菊华.单独二孩政策下流动人口的生育意愿试析[J].中国人口科学，2015（1）：89-96.

[2] 朱奕蒙，朱传奇.二孩生育意愿和就业状况——基于中国劳动力动态调查的证据[J].劳动经济研究，2015（5）：110-128.

[3] 田瑞靖.妇女当家会强化低生育水平吗？——一项关于家庭权力与生育决策的实证研究[J].人口与社会，2016（2）．

[4] 张勇，尹秀芳，徐玮.符合"单独二孩"政策城镇居民的生育意愿调查[J].中南财经政法大学学报，2014（5）：14-19.

[5] 蒋莱.从"单独二孩"政策看性别评估机制在公共政策中的缺席与问题[J].中华女子学院学报，2014（2）：42-46.

[6] 钟晓华."全面二孩"政策实施效果的评价与优化策略——基于城市"双非"夫妇再生育意愿的调查[J].中国行政管理，2016（7）：127-131.

愿"❶

"如果没有政策限制的话，您希望有（愿意生）几个孩子"❷

"您的理想子女个数是多少"❸

上面这些问题都是用来测量二孩生育意愿的具体操作方法，哪些问题背后的研究更具有可比性，哪些研究可比性不大？

二、研究设计的类型

（一）以研究目的为维度

从研究目的来看，研究设计主要分为对研究对象不太了解的探索性研究、对研究对象的基本情况进行描述的描述性研究、对研究对象的某一特征是否被其他特征所影响及如何影响的解释性研究。

1. 探索性研究

探索性研究主要用于了解不熟悉的主题，为正式研究的调研做准备。比如，研究者想要了解大学生每个月的支出与他（她）们的学习态度是否有关系，最恰当的搜集资料的方式就是运用问卷法。在问卷中有一个问题"每个月平均（或大约）花多少钱"，用来比较花钱多的同学和花钱少的同学的学习态度差异。由于每个月花多少钱是不固定的，许多人也没有记账的习惯，到底花了多少钱比较模糊，该问题的答案就应该设置为选择题，

---

❶ 张晓青，黄彩虹，张强，等. "单独二孩"与"全面二孩"政策家庭生育意愿比较及启示 [J]. 人口研究，2016（1）：87-97.

❷ 马良，方行明，雷震，等. 独生子女性别会影响父母的二胎生育意愿吗？——基于中国综合社会调查（CGSS）数据的研究 [J]. 人口学刊，2016（6）：17-26.

❸ 张露露. 新生代农民工"二孩"生育意愿与生育行为研究——基于河南省南阳市H镇的调研分析 [J]. 河南理工大学学报（社会科学版），2016（3）：300-305.

给出四个左右可能的答案。应该如何设置答案，就需要运用探索性研究来做准备，以保证能够进行比较恰当的分类。如果对大学生的花费情况一无所知，运用 20 世纪 50 年代的大学生的花费作为标准，将答案设置为：

a. 5 元及以下；

b. 5 元到 10 元（包括 10 元）；

c. 10 元到 15 元（包括 15 元）；

d. 15 元以上。

最终的结果是所有的同学都选择 d，这意味着这个题没有分辨力，导致无法区分花费多的同学与花费少的同学，从而无法确定花费多的同学与花费少的同学学习态度是否有差异。

由于探索性研究的性质，探索性研究在方法的要求上一般都不太严格，主要采取参与观察和无结构访谈作为搜集资料的方法，样本的选择上也不需要非常精准。

2. 描述性研究

描述性研究主要用来了解研究对象的基本情况。比如大学生的学习态度调查，主要了解的是大学生每天花多少时间学习，学习的内容是什么，学习的动力是什么，有没有迟到、早退、旷课等情况，对学习有没有倦怠等问题，就是典型的描述性研究。

与探索性研究相比，描述性研究在方法上更为严格，抽样一定要考虑到样本的代表性，样本规模也比较大，资料搜集方法主要使用问卷法。

另外，描述性研究要能够体现出"系统性、结构性和全面性"❶。描述性研究往往用来了解研究对象在某种特征上的分布情况，需要系统地描述该特征的全面情况，最好能够揭示出某些结构性的规律。

---

❶ 风笑天. 社会研究方法 [M]. 5 版. 北京：中国人民大学出版社，2018：67.

还需要注意的是，描述性研究侧重于了解研究对象某一方面的各种基本情况，而不是了解变量之间的关系，因此，描述性研究不应该出现研究假设。

3. 解释性研究

解释性研究在描述性研究的基础上更进了一步，描述性研究了解的是"是什么"，解释性研究了解的则是"为什么"。因此，解释性研究往往用来了解社会现象之间的关系，这就意味着与描述性研究相比，解释性研究具有更浓厚的理论色彩，其研究设计往往是：形成某种理论假设—将理论假设转变为操作性假设—搜集资料—通过对资料的分析来检验假设。

例如，一篇标题为《家庭庇护、体制庇护与工作家庭冲突——中国城镇女性的就业状态与主观幸福感》的文献，将城镇女性分为体制内就业、体制外就业和不就业三类群体，旨在了解不同群体间主观幸福感的差异及其解释机制，是一项典型的解释性研究。[1] 其研究设计如下。

第一步：形成某种理论假设。

本文提出家庭庇护、体制庇护以及工作与家庭冲突三个机制来理解和解释女性的就业状态及其与主观幸福感之间的关系。具体而言，本文提出三个观点：第一，有家庭庇护的女性更可能选择退出劳动力市场；第二，家庭庇护或体制庇护有助于提升女性的主观幸福感水平；第三，工作与家庭冲突是连接女性就业状态与主观幸福感的中间作用机制之一。

第二步：将理论假设转变为操作性假设。

---

[1] 吴愈晓，王鹏，黄超. 家庭庇护、体制庇护与工作家庭冲突——中国城镇女性的就业状态与主观幸福感 [J]. 社会学研究，2015（6）.

假设 1：家庭庇护影响女性的就业选择。

假设 1 a：其他因素不变，在婚女性比非在婚（从未结婚、离异或寡居）女性更可能不参与劳动。

假设 1 b：其他因素不变，家庭经济状况越好的女性，退出劳动力市场的概率越大。

假设 2：家庭庇护有助于提高女性的主观幸福感。

假设 2 a：其他因素不变，在婚女性的幸福感水平高于非在婚女性。

假设 2 b：其他因素不变，家庭经济状况越好的女性，幸福感水平越高。

假设 3……

第三步：搜集资料。

本文通过分析"2013 年中国综合社会调查（CGSS2013）"数据来验证上述研究假设……

第四步：通过对资料的分析来检验假设。

模型 2 显示，控制了其他变量之后，婚姻状态和家庭其他成员的收入这两个因素对女性的主观幸福感有正面效应（而且均在 0.001 的水平显著）。在婚女性的幸福感水平高于非在婚女性；家庭经济条件越好（家庭其他成员的收入越高）的女性，幸福感水平也更高。这里的结果支持假设 2a 和 2b。

总体而言，模型 2 的结果验证了假设 2，表明家庭庇护机制有助于提升女性的幸福感水平。

（二）以具体的研究策略为维度

从研究策略来看，主要分为关注总体、关注变量之间关系的定量研究与关注细节、关注理解的定性研究。

1. 定量研究

定量研究的研究范式是实证主义的科学范式。实证主义的科学范式认为，现实可以被分割成独立的变量和过程，因此能够进行独立的研究。调查应借鉴自然科学的研究方法，通过具体、客观的观察及经验概括得出结论。

另外，实证主义的科学范式认为研究者与研究对象之间是独立的关系，研究者可以客观地观察研究对象。因此，客观地呈现真相，是定量调查的重要目标。

在实证主义的科学范式的指导下，在研究设计上，定量研究运用标准化、系统化和操作化的方式来进行操作，采用的是演绎的研究路径，倾向于检验某种理论，并倾向于确定变量之间的关系，所以会有具体的研究假设。

在资料的搜集上，定量研究通常会使用结构式的工具，如问卷、结构式访问及结构式观察等，所有调查对象面对的调查工具是一致的。

2. 定性研究

定性研究的研究范式是人文主义的自然范式。而人文主义的自然范式认为现实是一个有机整体，这个有机整体具有多元的、构建的、分散的特性，不可分割开来，而只能以整体的方式对待，并最终达到对现实意义的理解。在调查中要考虑人的特殊性，要发挥研究者在研究中的主观能动性。

人文主义的自然范式还认为研究者与研究对象之间是互为主体的、相互渗透的关系。例如，传统民族志的研究方法就是"研究者与研究对象相互合作以揭示后者的生活世界"，所以研究者不能也不需要客观地观察研究对象。

在人文主义的自然范式的指导下，在研究设计上，定性研究倾向于更深入地理解社会现象，例如，发现现象与背景的关系、现象的发展过程及其对行动者的意义，因此，定性研究往往运用灵活的、特殊的方式来进行操作，多采用归纳的研究路径，研究的目的多是建构假设及理论，而不是检验假设或现有理论，不可能有研究假设。

在资料的搜集上，定性研究通常会使用非结构式工具，如深度访谈、参与观察等，针对不同的调查对象可能会采取不同的策略。

定量研究设计：

理论框架

根据计划行为理论，人的行为模式受到三种主要变量的影响：个人行为态度，指个人对自己执行某项行为的结果喜爱或不喜爱程度的评估；主观规范，指个人在决策是否执行某项行为时感受到的社会压力，反映的是他人或团体对个人行为决策的影响；知觉行为控制，是指个体感知到执行某项行为的容易或困难程度。

计划行为理论的最新进展认识到行为意向与行为之间存在中介变量，即两者之间存在认知机制——行为的执行意向。行为的发生经历了两个阶段：第一个是动机阶段，这个阶段形成了整体行为意向，并受到行为态度、主观规范和知觉行为控制的影响；第二个阶段是执行阶段，这个阶段个体通过制订具体行为计划来执行，制订具体的行为计划是此阶段的典型特征。

  Miller 等提出了从意愿到行为的序列决策和作用过程，认为生育经历了生育动机—生育意愿—生育打算—生育行为—生育率。Miller 认为生育意愿和生育打算是具有时间和数量维度的测量，这些多维度的生育意愿和生育打算通过共同的作用影响生育行为，逐步转化为现实。其中，生育动机是在先天因素和生活经历中获得的经验因素共同作用下形成的。郑真真将中国家庭考虑生育的过程总结为四个环环相扣的层次，依次是理想状况、生育意愿、生育计划、生育结果（生育行为），并认为理想子女数、生育意愿和生育计划是逐步接近生育行为的三个层次，具有明确的数量和时间的生育计划更有可能转化为生育行为，最终对生育行为产生影响；与理想子女数相比，生育意愿和生育计划更具有实用价值。

  基于上述理论和研究，可以判断生育意愿和生育行为的中介变量是生育计划，并提出以下生育意愿和生育行为差异的理论框架，模型分析如下（略）。

数据和方法

  本研究所用数据来自"江苏生育意愿和生育行为研究"课题组在江苏省六县开展的基线和追踪问卷调查资料，调查时点为 2007 年 1 月 1 日。最终有效调查样本为 18 638 人。跟踪调查时点确定为 2010 年 1 月 1 日，与基线调查相隔 3 年。2010 年跟踪调查获得有效样本 20 827 人，跟踪调查中接受过两次调查的育龄妇女 15 837 人，跟踪率为 85.5%。本文的研究对象为 2007 年调查中"已生育一个孩子，按照政策可以生育两个孩子"，且 2010 年追踪成功育龄妇女共 2368 名。

  需要说明的指标：生育意愿是根据 2010 年跟踪问卷中"您自己希望要几个孩子"的回答计算；生育计划则选取 2007 年基线调查中"您是否打算再要一个孩子"进行测量；生育行为是 2010 年跟踪问卷中"目前生育的孩

子数量"来测量。

二元 Logistic 回归中应变量和自变量的选取如下：

应变量：意愿生育子女数与目前生育子女数的差异值。结果显示：意愿生育子女数大于目前生育子女数的妇女（N=946）比例占总体的 39.91%；意愿生育子女数等于目前生育子女数的妇女（N=1423）比例占总体的 60.09%；样本中尚未出现生育意愿小于生育行为的妇女。因此，为了更好地研究从生育意愿到生育行为的距离，本研究将"意愿生育子女数等于目前生育子女数"的妇女划为"生育意愿等于生育行为"，将"意愿生育子女数大于目前生育子女数"的妇女划为"生育意愿大于生育行为"，并以"生育意愿等于生育行为"为参照组。

自变量选取根据"行为计划理论"进行选取。生育态度选取 2007 年基线调查"再要孩子是否考虑夫妻感情"来代表妇女生育和养育孩子的间接成本，将 2010 年跟踪调查中"理想孩子性别"作为考查性别偏好的变量。主观规范选取 2007 年基线调查中妇女再要孩子是否考虑"亲友/邻居/同事的看法"来考查。知觉行为控制选取 2010 年跟踪调查中妇女的年龄、工作情况，以及 2007 年跟踪调查中"再要孩子考虑是否有人照顾孩子"作为实现生育行为所具备的能力、资源和机会。生育计划则选取 2007 年基线调查中"已婚并已生育一个孩子、按照生育政策可以生两个孩子的妇女"中"您是否打算再要一个孩子"进行测量。

（茅倬彦、罗昊：《符合二胎政策妇女的生育意愿和生育行为差异——基于计划行为理论的实证研究》，载《人口研究》2013 年第 1 期。）

定性研究设计：

本文的分析主要基于对儿童家长和参与育儿的老人的深度访谈和参与

观察资料。笔者重点收集了 13 个北京城市家庭案例。在这些案例中，父母双方均具有大专以上学历；父亲主要从事专业技术、投资或管理工作，母亲从事或曾从事科研、管理或行政工作（如秘书、会计），家庭年收入不低于 15 万元。在所有家庭中，有 1 户是北京本地人，其他均为已在北京购房的新移民家庭，13 个孩子中有 12 个具有北京户口。除一个家庭主要由母亲承担日常照料、祖辈偶尔同住外，其他家庭中祖辈与子女同住均在 1 年以上，以不同形式参与了对孙辈的照料。笔者访谈了 13 个家庭中的所有母亲、两位父亲。与母亲的访谈时间一般为 3～6 个小时，分 1～3 次进行。此外对两位父亲各进行了一次 2 小时左右的访谈，以了解他们在儿童抚养、教育方面的经验和看法。受访家庭中有 10 个家庭的孩子年龄在 3～6 岁之间，另 3 个儿童处于学龄期（3～7 岁）。父母在访谈中大量回顾了儿童照料历史，本文的分析主要针对儿童学龄前的经历。此外研究团队还访谈了 8 位正在参与孙辈照料的老人。受访老人生活在北京，年龄在 60 岁以上 80 岁以下，都有稳定的经济收入。在访谈之外，笔者还到 7 户受访家庭的家中拜访，并参与了 3 户家庭的周末郊游，有机会观察家庭成员之间的互动。

（肖索未：《"严母慈祖"：儿童抚育中的代际合作与权力关系》，载《社会学研究》2014 年第 6 期。）

思考：试比较上面的两个研究设计，看看定量研究与定性研究的研究设计有什么差异。

需要注意的是，定量研究与定性研究在研究设计上的差别不存在绝对的边界，定量研究的设计更加标准化，但有一些定性研究，也有着非常标准化的研究程序，如扎根理论。

根据经典扎根理论的程序，确定研究问题后首先进行目的性抽样（purposeful sampling）。本研究首先选择 1 名多次离职的小镇青年进行访谈，发现其在多次转换工作的过程中均能发现先赋强关系资本（以下称"家庭社会强关系资本"）和后致强关系资本（以下称"个体社会强关系资本"）对其在就业信息共享、就业机会提供等方面的影响。在分析访谈结果的基础上，研究者转换了理论性抽样视角，又访谈了一位二线城市普通家境女性青年，并对访谈资料进行了分析。按照上述边访谈边分析的方法依次访谈了 7 位青年，为了进一步充实已经形成理论的概念密度，研究者又采用理论性抽样，继续访谈了 10 位青年直到信息达到饱和。访谈对象来自全国 7 个省份的 9 个城市，大部分家境普通，少部分家庭贫困，少部分家庭条件较好。

（余卉、胡子祥：《寒门再难出贵子？社会资本双重属性下青年就业的质性研究》，载《中国青年研究》2019 年第 12 期。）

第二节　概念与理论

一、概念与变量

（一）概念

概念（Concept）是对现象的一种抽象。它是一类事物的属性在人们主观上的反映。[1] 比如"人"这一概念。在现实生活中，我们看见的是某一个"人"，或者是老人，或者是小孩，或者是成年人，或者是男性或者是

---

[1] 风笑天. 社会研究方法 [M]. 5 版. 北京：中国人民大学出版社，2018：25.

女性，或者是戴眼镜的，或者是没有戴眼镜的……抽掉这些具体特征的纯粹的"人"在现实中是不存在的。因此，"人"这一概念，是我们称之为"人"的事物在我们主观上的反映。另外一些在生活中无法直接观察的无形的事物，如"文化""偏见""爱情""气氛"，抽象程度就更高。

总的来说，概念的抽象程度越高，越难以进行描述。因为抽象程度高的概念涵盖范围更广，其特征也更模糊，见表5.1。

表 5.1　概念的抽象程度、涵盖范围及特征

概念	抽象程度	涵盖的范围	特征
物体	最高	最大	最模糊
生命体	高	大	模糊
动物	一般	一般	一般
犬科动物	低	小	准确
狐狸	最低	最小	最准确

概念由定义构成。在研究设计中，需要对一些关键的、容易混淆的概念进行说明，即给出概念的具体定义。比如，王楚婧对"校园欺凌"这一概念做了如下定义："校园欺凌是指由学生实施的对其他学生的暴力行为，并造成心理上、精神上或身体上的巨大伤害及痛苦。"[1]这个定义把老师对学生及校外人员对学生的欺凌行为排除在外，也把针对老师的欺凌行为排除在外，让读者明确研究者所探讨的校园欺凌的具体范围。

（二）变量

变量是概念的一种，是具有多种取值的概念。比如婚姻状况，就有已婚、未婚、离异、丧偶四种取值。因此，婚姻状况既是一个概念，也是一个变量。作为概念的婚姻状况用定义来说明，作为变量的婚姻状况则用不

---

[1] 王楚婧.校园欺凌问题成因及对策分析[J].理论导报，2016（2）.

同取值来说明。

根据变量的取值，变量可分为类别变量、顺序变量、间距变量和比率变量四种类型，对应的测量层次则分别为定类层次、定序层次、定距层次和定比层次。

有一些变量，可以呈现多种类型，也就具有了多种测量层次。比如年龄：如果取值分为1949年前出生和1949年后出生两种，就是类别变量；如果取值分为老年人、中年人、青年人、儿童，就是顺序变量；如果取值用具体的数字来表示，比如26岁、54岁等，就是比率变量。相应的测量层次则是定类层次、定序层次和定比层次。

一般来说，如果能够运用高尺度的变量类型来搜集资料，就尽可能运用高尺度的变量，因为高尺度的变量具有更丰富的信息，可以转化为低尺度的变量，反过来却不行。如果搜集资料时要求的是调查对象的具体年龄数字或出生年月，就可以根据这些信息来确定调查对象是老年人、年轻人还是儿童，或者确定调查对象是1949年前出生还是1949年后出生。但如果搜集资料时询问调查对象的是"请问您是1949年前出生的还是1949年后出生的"，之后想要知道更具体的信息就基本上不可能了。

变量还可以分为自变量、因变量和中介变量。引起其他变量变化的变量就是自变量，用"x"来表示。由于其他变量的变化所发生变化的变量是因变量，用"y"来表示。简言之，自变量是原因变量，因变量是结果变量。自变量和因变量用来表达现象之间的因果关系。中介变量是介于自变量和因变量之间的变量，出现在复杂的因果链中。中介变量是自变量的因变量，是因变量的自变量，即自变量通过中介变量来影响因变量，表达的是自变量影响因变量的具体方式和路径。

研究者运用哪些变量来进行分析，以及如何测量这些变量，必须在研究设计中予以说明。变量的选择不同，或者变量的操作化方式不同，就很可能获得不同的结果。

二、概念的界定与变量的操作化

（一）概念的界定

概念具有抽象性，对于同一个概念，不同的个体具有不同的理解。因此，研究者需要在研究设计部分对核心概念给出清晰的界定，才能让读者明白研究者探讨的现象到底是什么。比如"校园欺凌"这一概念，任海涛认为是指"在幼儿园、中小学及其合理辐射区域内发生的教师或者学生针对学生的持续性的心理性或者物理性攻击行为，这些行为会使受害者感受到精神上的痛苦"[1]。而王楚婧认为是"由学生实施的对其他学生的暴力行为，并造成心理上、精神上或身体上的巨大伤害及痛苦"[2]。

两种界定看上去差不多，但在实践上却具有巨大的差异。前者会包括"给同学取外号"这些行为，后者可能就会把"取外号"这些行为排除在外，因为"取外号"是一种心理性的攻击行为，却很少被归为暴力行为。

如果对概念的界定不同，就意味着之后的研究策略也有很大不同，特别是相应变量的操作化方式、问卷的设计，以及研究对象的确定等。因此，概念界定是研究设计的开端，糟糕的概念界定会导致研究的混乱。

还需要注意的是，概念界定不是简单地对概念下一个定义就可以了，而是在对概念进行梳理的情况下，说明自己选择某一种概念界定的理由，即说明哪一种概念界定更适合自己的研究。或者，每一种都不适合，在综合了之前的各种界定之后，以这些界定为基础，根据具体情况形成适合自

---

[1] 任海涛."校园欺凌"的概念界定及其法律责任[J].华东师范大学学报（教育科学版），2017，35（2）.

[2] 王楚婧.校园欺凌问题成因及对策分析[J].理论导报，2016（2）.

已研究的概念界定。

代际剥削是农村代际关系平衡被打破之后出现的现象。只讲对亲代索取的权利、不讲对亲代回报的义务和责任的代际关系，被学者称之为代际剥削。年轻夫妇在结婚前合谋向男方父母索要高额彩礼以增加婚后小家庭的生活资本，而拒绝履行对老人的赡养义务。涉及婚姻的各个程序诸如从找对象、定亲、彩礼、婚宴、婚房等方面绝大部分花费由父母承担，但这些财物最终流向新组建的家庭。子代索取父代创造的财富而忽视对父代的回报，或是放弃对父代的赡养，加剧了代际关系的不平衡性，客观上构成了对父代的剥削事实。

婚后分家单过是促使新婚夫妇索要高额彩礼的重要原因。对于新婚夫妇来说彩礼是最直接也是最名正言顺的经济资助，为了婚后的新家谋求更好的物质基础，新婚夫妇有很大的动力争取高额的彩礼以扩大新家庭的发展基金，尤其是家庭中兄弟比较多的时候。这使得彩礼支付实际上转变为提前分家，是新婚的小家庭从大家庭中谋求最大利益的一种手段。新婚夫妇在彩礼中积极"参与"，但新娘家并未从彩礼中受益，此时的彩礼并非家庭之间的财富流动，而是家庭内部转移，即儿子以这种方式提前继承的家产，最终成为新婚夫妇的共有财产。分家之后，即使新婚夫妇没有拒绝对老人的赡养义务，但是从经济支持、情感支持和日常照料来说，分家之后的成年子女对于父母的支持已经大大减少。"代际资助"实际上已经演变为一种赤裸裸的"代际剥削"，即新婚夫妇对男方父母的代际剥削。

基于已有的研究，本文认为彩礼的代际剥削是指儿子在彩礼的支付过程中，无论父母是否自愿，为了组建新婚家庭而对父母索取财富的现象。

（韦艳、姜全保：《代内剥削与代际剥削？——基于九省百村调查的中国农村彩礼研究》，载《人口与经济》2017年第5期。）

（二）变量的确定

如果毕业论文运用定量方法来进行研究，则往往需要对变量进行确定。首先是该项研究包括哪些变量，其次是如何对变量进行测量。包括的变量不同，或者测量的方法不同，同一个研究就可能获得不一样的结果。

变量的确定包括两个方面，对因变量的确定和对自变量的确定。例如，一项关于移民的社会适应的研究，因变量是移民的社会适应，自变量则包括家庭规模、搬迁时间、搬迁方式、被访者的年龄、文化程度、性别等。

> 本研究的主要因变量是移民的社会适应，笔者在研究中将其界定为移民对安置地新社区中生活各方面的习惯程度和满意情况，并将因变量操作化为几个主要的维度，包括日常生活、家庭经济、生产劳动、邻里关系、社区认同等层面。每一个层面设计出 2~3 个个人评价和感受的问题作为指标进行测量。
>
> 问卷中主要的自变量则包括移民的家庭规模、搬迁时间、搬迁方式、被访者的年龄、文化程度、性别、对三峡工程的认识、对政策落实的看法、对安置地政府和居民对移民的态度评价、原居住地与安置地在各方面的差别，等等。
>
> （风笑天：《"落地生根"？——三峡农村移民的社会适应》，载《社会学研究》2004 年第 5 期。）

在一些研究中，则把自变量分为控制变量与核心自变量。控制变量主要是一些相对稳定的个体的或研究对象的特征。由于这些相对稳定的特征相对不容易改变，即使知道这些特征对因变量有影响，也很难做出改变。因此，研究的目的更多的是探讨在这些特征不变化的情况下，核心自变量对因变量所起的作用。这些特征就被归为控制变量，即控制了这些变量的情况下观察核心自变量的效应。性别、文化程度、婚姻状况等个体特征变量经常被作为控制变量。以性别为例，控制性别变量的含义是，只探讨女性，或只探讨男性的某种情况，从而减少性别这一变量对研究结果的干扰。

本文的核心自变量是工作—家庭冲突。在问卷中与之对应的问题有两个，分别是"近些年来，您是否因为工作太忙而很少管家里的事"和"近年些来，您是否为了家庭而放弃个人的发展机会"。选项都包括4个类别，分别是"从不""偶尔""有时"和"经常"，分析时分别计为1分、2分、3分和4分。从测量的内容看，第一个问题测量的是工作对家庭的冲突，第二个问题测量的是家庭对工作的冲突……

除了上述核心解释变量，我们在模型分析时还控制了受访者的个人特征和工作特征。其中个人特征包括年龄、婚姻状况、户口性质、受教育年限、自评健康和是否与60岁及以上的老人同住。工作特征包括职业类型、单位所有制类型、工作年限、管理职级、员工福利、工作环境危害和工作中是否有性骚扰。

（许琪、戚晶晶：《工作—家庭冲突、性别角色与工作满意度——基于第三期中国妇女社会地位调查的实证研究》，载《社会》2016年第3期。）

（三）变量的操作化

对变量的操作化是将抽象的变量翻译成具体的可以观察的变量。不是所有的变量都需要操作化，比如性别，通常就分为男性与女性两类，不需要再进行操作化。但是对于抽象的容易引起歧义的变量，就必须进行操作化。

变量的操作化往往是概念界定的伴随环节。对概念进行界定以后，紧接着就是如何对其进行测量，测量的方法就是具体的操作化过程。以刚才分析的校园欺凌为例，知道了校园欺凌的定义，也就是对概念进行界定，就知道了校园欺凌的大致范围，但是，哪些行为被归为校园欺凌，哪些行为不是，还需要精细化。

本研究中校园欺凌指的是，在校园内学生之间发生的重复性攻击行为，包括对身体或心理造成的伤害。我们将欺凌行为分为言语性欺凌、肢体性欺凌和社交性欺凌，并设置16个类目。肢体性欺凌包括被殴打、被恶意的恶作剧、被损坏个人物品和遭遇勒索钱财；言语性欺凌包括被辱骂或嘲笑（包括被叫外号）和收到恶意的信息；将被散布谣言和被刻意排挤或孤立归为被社交性欺凌。

（池上新、范婷、曾文茜：《双重防护：初中生的社会资本对校园欺凌的影响——以深圳市S中学为例》，载《中国青年社会科学》2022年第1期。）

有些变量的操作化过程给出了更具体的测量方法，比如工作—家庭冲突的操作化，就涉及具体的测量过程。

……工作压力和家庭压力是影响工作—家庭冲突的重要因素。对于工作压力，我们使用的测量指标是"工作时间"，因为从理论上看，每天花在工作上的时间越多，用在家庭的时间就会越少，所以长时间的工作更容易导致工作对家庭的冲突。对于家庭压力，我们使用的测量指标是"是否有16岁以下的子女"，因为照顾未成年子女是一项非常艰巨的家庭责任，所以有未成年子女的家庭照顾责任较大，也较可能会造成家庭对工作的冲突。

（许琪、戚晶晶：《工作—家庭冲突、性别角色与工作满意度——基于第三期中国妇女社会地位调查的实证研究》，载《社会》2016年第3期。）

有一些看似具体的变量，也需要进行操作化，以明确变量的范围。比如关于儿童的研究，就需要对儿童进行操作化，明确儿童指的是从多少岁到多少岁的个体。

三、理论框架

（一）理论的层次

理论是以一种系统化的方式将经验世界中某些被挑选的方面概念化并组织起来的一组内在相关的命题。[1]建构理论的目的是解释社会现象。因此，理论主要有宏观理论、中观理论与微观理论三类。宏观理论往往以全部社会现象或各种社会行为为对象，体系通常非常庞大，如社会学中帕森斯建构的结构功能主义理论，试图解释所有的社会现象，就是一种宏观理论（表5.2）。

表5.2　帕森斯关于社会系统的功能命令观点

适应（Adaptation）		目标获取（Goal attainment）
A　G L　I	G	G
L	I	
L	I	
维护（Latency）	整合（Integration）	

注：A 代表适应；G 代表目标获取；L 代表维护；I 代表整合。
资料来源：特纳.社会学理论的结构[M].7版.北京：北京大学出版社，2004：46.

中观理论（中层理论）只探讨某一方面的社会现象或某一类型的社会

---

[1] 风笑天.社会研究方法[M].5版.北京：中国人民大学出版社，2018：22.

行为，提供一种相对具体的分析研究对象的框架。其只涉及有限的社会现象，如美国心理学家戴安娜·鲍姆林德提出的家庭教养理论。

鲍姆林德从两个维度来观察家庭教养方式。一个维度是"是否对孩子提出要求"，另一个维度是"是否满足孩子的要求"。前者指的是家长是否对孩子的行为建立了适当的标准，并要求孩子达到这些标准。后者指的是对孩子需求的敏感程度。根据这两个维度，鲍姆林德把家庭教养方式分为权威型、专制型、溺爱型和忽视型四种类型（表5.3）。

表5.3　四种家庭教养方式

反应性	要求性	
	高	低
高	权威型	溺爱型
低	专制型	忽视型

资料来源：BAUMRIND DIANA. Parental Control and Parental Love[J]. Children, 1965, 12(6)：230-234.

微观理论则是一组陈述若干概念之间关系并在逻辑上相互联系的命题。在具体的社会研究中，大多数理论属于这种形式的理论。一般来说，仅涉及变量之间关系的描述就是微观理论。比如，下面这一组论述：

文化程度越高，收入就越高。

女性的文化程度通常比男性低。

女性的收入比男性的低。

这一组陈述的抽象程度不高，是变量之间关系的一种经验概括。有些研究者，如风笑天，认为这种经验概括是微观理论。[1] 有些研究者，如特

---

[1] 风笑天. 社会研究方法[M]. 5版. 北京：中国人民大学出版社，2018：23.

纳，认为这一类经验概括与经验对象联系过密，不能算理论。[1]

微观理论有时候是中观理论的一个组成部分。比如，霍曼斯的社会交换理论，探讨的是一般性的抽象的人类行为，是一种中观理论。但其中的任何一个命题主要探讨的是变量的关系，是一种微观理论。

A. 成功命题。如果个体的某个行动越是经常使其获得报酬和奖励，那么他就越有可能采取类似的行动。

B. 刺激命题。在过去的某个时间里，如果某一特定的刺激或者一组刺激的出现会给某人的行动带来某种报酬或奖励，那么现在的刺激与过去的刺激越相似，个体就越有可能进行类似的行动。

C. 价值命题。如果某种行动所产生的结果对一个人来说越有价值，那么他就越有可能采取同样的行动。反之，如果某种行动产生的结果使得此人受到惩罚，那么他就有可能采取措施避免类似行动的发生。

D. 剥夺—满足命题。一个人越是经常地得到某种报酬，那么随着报酬的增加，此人所获得的满足感和价值感就会减少。

E. 攻击—赞同命题。当某人的行动没有得到他期望的报酬或者他得到了料想不及的惩罚时，他将被激怒并越有可能采取攻击性行为。当某人的行动获得了他所期望的报酬，特别是报酬比预期的还要大，或者他的错误行动没有受到预想中的惩罚，他会非常高兴，继续做得到报酬的行动或者避免错误行为的再度发生。

F. 理性命题。一个人在选择采取何种行动时，不仅会考虑到价值的大小，还考虑行动成功的可能性，个体行动与否取决于成功与价值这两个因素。如果报酬的价值大但成功率小，这会降低采取这种行为的可能性；相

---

[1] 特纳. 社会学理论的结构 [M]. 吴曲辉，等，译. 杭州：浙江人民出版社，1987：18.

反，价值小但成功率大就会增强这种行为的可能性，用数学公式表示就是：行动发生的可能性＝价值 × 概率。

（贾春增主编：《外国社会学史》，北京：中国人民大学出版社，1989年第292-299页。）

需要注意的是，社会科学研究领域驳杂，不可能形成统一的边界清晰的理论体系，宏观、中观、微观理论的划分是相对的。一般来说，关注制度、变迁等问题的理论更可能是宏观理论，关注交往、关系等问题的理论更可能是微观理论，关注社区、群体的理论更可能是中观理论。

（二）研究设计中的理论

在研究设计中，许多理论是作为被检验的对象而存在的。这种情况主要是针对定量研究。研究者基于某个理论提出自己的研究假设，通过对研究假设的验证，检验该理论。如果研究假设被证实，说明该理论对这一领域具有指导作用，如果研究假设没有得到证实，并不能说明该理论是无效的，只能说明由于某种原因，该理论在这一领域不具有指导作用。刘爱玉等研究者就运用家务分工来检验时间约束理论。[1]

时间约束理论认为，现代社会，时间有如下特性：第一，时间具有不可替代性，由此产生了时间成本问题。"时间成本"是指在同一时间内能完成的事是以该时间内不能完成的另一件事为代价的，如生育的代价是生育和养育时间内失去的学习或晋升的可能性，加班的收益以减少休闲或陪伴家人为代价。第二，存在"有效时间"问题。家务劳动多基于家庭成员的时

---

[1] 刘爱玉，佟新，付伟. 双薪家庭的家务性别分工：经济依赖、性别观念或情感表达 [J]. 社会，2015（2）.

间可用性进行分配,家庭成员的时间可划分为三部分:(1)在家庭中工作的时间,以生产家庭能够生产的消费品(此即家务劳动时间);(2)在劳动力市场上工作的时间,以获得工资,从市场上购买家庭生产所需的投入品以及家庭不能生产的消费品;(3)闲暇时间,以直接获得效用并恢复工作能力。第三,时间是可安排和计划的。因此,平衡工作和家庭的关系成为时间分配的首要问题……

虽然可用时间与家务劳动时间之间的关系存在一定争议,不过作为家务劳动时间研究领域的传统假设,本文依然希望以中国近期的数据对其进行验证,故提出本文的第一个研究假设:

假设1:不论男女,劳动力市场工作时间越长者,则从事的家务劳动时间越少。

(刘爱玉、佟新、付伟:《双薪家庭的家务性别分工:经济依赖、性别观念或情感表达》,载《社会》2015年第2期。)

还有一种情况是,研究者不检验理论,而仅仅把理论作为一种研究的指导工具,提供一种观察、分析的视角。林晓珊在梳理关于饮食研究的文献时,发现饮食研究有两种理论视角,一种是"文化"视角,即把饮食作为一种文化来观察、分析,另一种是"实践"视角,即把饮食作为一种实践来观察、分析,林晓珊选择了"实践"视角作为自己的理论工具,基于该理论,或者在该理论的指导下,对饮食的分析呈现出三个重要内容:通过饮食的社会安排(回家吃饭还是在外就餐)来理解工作家庭冲突,通过食物的准备过程来理解饮食与家庭陪伴,通过食物的食用过程来理解饮食与家庭健康。[1]

---

[1] 林晓珊."回家吃饭":工作与家庭冲突中的饮食实践[J].妇女研究论丛,2021(5).

从学术发展的脉络来看，先前关于饮食消费的研究大多是以文化为中心。从文化上讲，饮食是"一项高度复杂的活动"。然而，由于文化分析倾向于关注生活方式中更具表现性和显著性的方面，而忽略了实践的和常规的活动，掩盖了具身的（embodied）程序和惯习，日常生活的物质性和工具性的一面被低估了，到了20世纪末，文化分析的影响力开始减弱。一些学者已经意识到了这些问题，并尝试通过对物质性的强调来弥补文化分析范式的不足。丹尼尔·米勒（Daniel Miller）是这方面最具创造力的学者之一，他对物品的使用体验、物品在建立和维持社会关系中的作用以及物品的个人的、实践的和政治的意义进行了精彩的研究。在他的倡导下，通过物的消费实践来理解社会关系的研究范式迅速传播开来。特别是进入21世纪以来，随着社会理论的实践转向，文化分析面临着更为巨大的挑战，饮食消费的分析范式开始发生转变，越来越多的学者将实践分析作为文化分析的一个替代性选择……

实践理论特别强调饮食的具身性。阿兰·沃德基于实践理论研究饮食消费的第一步，就是确认饮食究竟是一种怎样的具身实践。在他看来，"任何关于饮食的一般社会学理论都需要解释食物消费、身体过程和社会安排之间的关系。这些都是对饮食实践的社会学解释必须涉及的基本要素"。在这些基本要素中，他重点介绍了三组饮食实践分析的基础概念。一是作为社会安排的饮食活动和饮食场合，饮食活动和场合是根据时间、空间和人物三个特征来界定，即"什么时候、在哪里和谁一起吃"，三者的交融并置构成了被赋予丰富社会文化意义的饮食实践。二是食物的准备过程，即"吃什么"。任何饮食活动和场合都需要食物，而食物有一个生产、选择、制作或烹饪的过程，不同的场合中会选择不同的食物，食物的象征意义以及围绕食物而展开的社会关系在这里会充分地展示出来。三是食物进入身体的过程，也就是"怎么吃"。如何将食物送到嘴里，不只是一种生物本能，还是一种包含身体技术的具身实践，如对食物的感官品尝、对食量的控制以及饮食行为习惯等。

上述三个基本要素构成了饮食实践的三个分析维度。尽管阿兰·沃德的研究大多数是以"在外就餐"为例，但饮食实践理论所具有的独特价值，值得我们运用、借鉴与拓展。不同的是，本文是在"家"的特殊情境之中，将"实践"作为饮食消费的核心概念和分析框架，从社会安排、食物消费和身体过程这三个维度的内在关系出发，对城市中产阶层"回家吃饭"展开研究。

首先，在饮食实践的社会安排上，本文将重点考察城市中产阶层在工作与家庭的冲突中，如何在"回家吃饭"与"在外就餐"之间做选择，以及在"吃饭"与"做饭"的分工中，他们如何在家庭内部寻求工作与家庭的平衡。其次，在食物的准备过程中，本文将聚焦于以食物为中介而建构起来的家庭生活，通过食物准备过程中的陪伴和情感交流以及自制食物中的家庭记忆与认同等方面的考察，来挖掘饮食实践是如何为家庭成员创造"相互联系的生活领域"。最后，在食物的食用过程中，本文将侧重于中产阶层的饮食与健康实践，包括他们如何规避饮食风险和节制饮食以保障家人健康。在这里，"家"作为一个与"外面"有着清晰边界的安全可控空间，在饮食健康的自主实践中有着重要意义。以上三个维度的分析框架构成了一幅较为完整的中产阶层家庭饮食实践的图景。

（林晓珊:《"回家吃饭"：工作与家庭冲突中的饮食实践》，载《妇女研究论丛》2021年第5期。）

不是所有的研究设计都有理论框架。一般来说，描述性研究就不一定需要理论框架，而解释性研究则通常都需要介绍理论基础。因为解释性研究往往要建立在某种理论视角上对社会现象进行解释。理论视角不同，看到的现象不同，进行的解释也不同。质性研究有时候也不需要理论框架，而是通过研究来建构某种理论，或者仅是对某一现象进行深度分析。不过，对于学生的毕业论文而言，通常都要求有理论工具，以增加研究的深度。因为大学生或研究生的研究能力比较弱，如果没有理论工具，往往会陷入现象的简单描述，研究的深度不够。

对于理论的应用，学生中存在的普遍问题有两类：一类是理论工具与之后的研究过程没有联动；另一类是理论工具成为对选题的辩护，而不是对研究的指导。

第三节　资料的搜集与分析

一、定性研究的资料搜集与分析

（一）资料搜集方法

定性研究的资料搜集方法主要有非结构访谈法和参与观察法。非结构访谈分为"一对一"的访谈和焦点小组访谈。"一对一"访谈也叫"深度访谈"，主要针对个人生活史，体现个体对某一现象、事实的看法、态度和理解等。例如，聂焱、风笑天在通过观察育龄女性的抚育实践来理解其生育决策时，就运用了"一对一"访谈来了解研究对象的抚育实践，因为抚育实践是其生活史的一个部分。

资料的搜集以访谈为主，并辅以参与观察。访谈地点一般在咖啡馆、小饭店，也有些访谈应受访者的要求，就在受访者的工作地点或家里进行。为了保护受访者的隐私，受访者的名字全部用了化名。为了更全面地理解女性的抚育实践及生育决策过程，丈夫们也被纳入受访对象。受访者全部是已经生育了一个或两个孩子的育龄女性或其丈夫。资料搜集的时间约为6个月。2016年7—8月，我们分别在南京和贵阳进行了第一次调查。经过对前期资料的整理，找出资料的欠缺，又于2017年8—9月进行了一次补充调查，之后还有一些零星资料的增补，一共搜集了23个家庭的资料。通过探讨这些家庭——特别是其中的女性——在儿童抚育中的独特体验，来理解她们的二孩生育决策。由于长期的二元体制，中国的城乡在文化观念、社会经济发展水平方面差异很大，放在一起来探讨会减弱研究的解释力和针对性，因此本研究的范围限定在城市。

（聂焱、风笑天：《中国城市女性的抚育实践与二孩生育决策》，载《中国青年研究》2021年第5期。）

焦点小组访谈则主要针对一些模糊的概念或观念，大家一起讨论，借助头脑风暴，澄清对该概念或观念的认识。例如，对于"什么是成功"的认知，就需要进行澄清。不同的人对成功有不同看法，需要共同辨析，才能获得更深刻的理解。有人认为成功是一个过程，有人认为成功是一个结果；有人看待成功时包含了家庭维度，有人不包含家庭维度；有人很佛系地看待成功，有人则很进取地看待成功；有人用单一维度看待成功，有人用多维度看待成功。

"我认为达成预期目标即为成功。"

"过自己想要的生活就算成功。每个人的目标都不同，能完成自己的目标就算成功。"

"我认为成功的人，俗一点说，就是有较高经济能力并具有较高社会地位的人。"

"成功在我看来就是努力过好自己的小日子，没有过多的经济压力，能让父母家人有所依傍。"

"我认为一个人有自己丰富的生活并且有能力守护家人、朋友甚至可以为社会做贡献就算成功。"

"成功是通过自己的努力将一件看似不可能的事做到极致，从而产生的成就感……"

"我认为成功是事业有成、家庭幸福，有份薪资不错并且稳定、体面的工作，做自己喜欢并且有意义的事情。"

"我认为真正的成功是兼顾理想与现实，在拼尽全力、历尽坎坷后成为现实世界中的少数，成为世人认可的优秀者。这种观念很大程度上受到网络、身边亲友的影响。因为这类优秀的人完成了大部分人难以完成的事，也因为这类人受到了亲友等大部分人的认可。"

（资料来源于贵州大学公共管理学院研究方法课程讨论。）

参与观察法是指研究者参与到研究对象的生活中去理解、认识研究对象的过程。参与观察中，研究者有两种分类：一是作为观察者的参与者，即指研究者的身份对其所研究的群体来说是公开的；二是完全的参与者，即研究者将自己的真实身份隐藏起来。前者可能无法获得令研究者满意的信度，因为只要研究对象明白研究者的身份，知道有"外人"在场，就会有意或无意间改变自己的行为，从而导致研究者观察不到最"真实的""自然的"行为。比如潘毅教授对打工妹的参与观察研究，就因为向研究对象公开了自己的研究者身份影响到研究进程。

1995年夏天,我向流星厂的管理层递交了田野研究计划书。我在计划书中特别强调,由于我的研究目的是了解劳动关系和工人心理,因此要求工厂安排我进入车间生产线上当一名普工,并住在工人集体宿舍。1995年8月,我收到工厂的答复,同意我在两个月之后开始我的田野工作。工厂虽然接受了我的研究计划,但是总经理周先生还是善意地建议我对计划进行一些改动。他的建议主要是出于对我健康和安全的考虑,而不是因为政治或者其他的敏感问题。工作安排上,他建议我最好不要到生产线上当工人,而是到办公室做秘书;工作时间上,他建议我每天下午5点钟下班,而且晚上不要加班;食宿安排上,他建议我不要和工人们一起住在集体宿舍,而是和厂里的香港职员们一起吃住。我花了很长时间去说服他,让他明白,如果我不能直接和生产线上的工人们一起工作和生活,那么他的好意就只会让我的研究计划前功尽弃。他觉得我不过是个满脑子理想主义的学生——没有什么工作经验,所以根本不明白工厂生活的艰苦。最后,他终于同意让我先尝试一个月,之后再根据我的个人意愿作出调整。

1995年11月,我终于成为流星厂的一名全职工人。然而,想直接进入工人生活的野心却并没有给我带来什么益处。我尽量表现出自己是来学习工厂制度运作和了解女工生活的一名"实习生",然而尽管如此,在最初的一个月里,大多数生产线上的工人并不信任我。相反,我倒是经常被管理人员们包围着,比如部门经理、管工和组长等。她(他)们对我的到来表现出极大的好奇和兴趣。比起生产线上的女工,她(他)们的教育程度比较高,能够想象出研究意味着什么。实际上,她(他)们经常运用想象力来引导和描述我的研究兴趣。她(他)们耐心地向我介绍工厂及工作的情况,我从她(他)们那里得到很多热情的帮助。然而,与管理人员们的密切关系反而阻碍了我与工人们的交往。在工厂里,我总是被视为"特别嘉宾",这无疑使我想成为一名"真正"的打工妹的梦想破灭了。

(潘毅:《中国女工:新兴打工者主体的形成》,任焰译,北京:九州出版社2011年第12页。)

完全的参与者的参与观察涉及研究伦理问题,只能运用在某种特殊情境中。在这种情景里,研究者被允许有双重身份。林凯玄于2018年在深圳龙华新区的三和所做的民族志研究,就是一项完全的参与者的参与观察。林凯玄想要了解生活在三和的底层务工青年(三和青年),最好的方式就是成为他们中的一员。由于"三和青年"是一个开放的群体,任何来到三和人才市场、寻找打短工的机会并在周围停留下来的外地青年,都可以成为"三和青年"。林凯玄本人既是一个研究者,也是一个"三和青年",研究者与研究对象的身份是重合的,运用完全的参与者的参与观察就是可行的。

还有一种典型的完全的参与者的参与观察,称为"自我民族志"。研究者观察的就是自己的生活,研究者与研究对象是一体的,研究的过程是研究者呈现自己生活的过程,也不涉及研究伦理的问题。

与非结构访谈法相比,参与观察可以实时地观察到社会现象或行为的发生,获得的信息更真实可靠,因为"耳听为虚眼见为实"。

另外,参与观察扩展了研究范围,可以研究一些运用非结构访谈很难研究的对象,如针对其他民族的异文化研究和针对语言能力有限的婴幼儿的研究。在语言交流有障碍的情况下,参与观察显示出其优势。

跨文化的民族志研究,基本上是运用参与观察为主、非结构访谈为辅的资料搜集方法,就是因为跨文化使语言的交流出现了障碍,从而参与观察成为最适合的方法。学过英语的同学都知道,不管是英语翻译为汉语,还是汉语翻译为英语,很多情况下不能直译。一些简单的语言,貌似可以直译，但脱离了具体的情境就会出现理解偏差，必须通过长期的参与观察才能完全理解。例如，英语中的"I LOVE YOU"，翻译为"我爱你"，但英语文化中动辄就听到有人说"I LOVE YOU"，汉语文化中却很少听到"我爱你"。有人认为是因为文化不同，实际上最深刻的原因是，"I LOVE YOU"和"我爱你"具有不同意义，"I LOVE YOU"更多指的是此时此刻的感受，"我爱你"则涉及终身的永远的承诺，所以很少被使用。在汉语语境中，没有一个句子可以完全、真实地表达"I LOVE YOU"的微妙语义。这就意味着，在研究者与研究对象运用不同语言的情况下，研究者要真实地理解研究对象的语言及行为的意义，必须要运用参与观察。

不过，参与观察法也有缺陷，最大的问题是耗时太久、成本高。因为真正碰到可观察的事件是可遇而不可求的，研究者需要在研究现场待很久，才可能遇到相应的具有重要研究意义的情境。因此，需要权衡各种利弊来决定应该运用参与观察法还是运用访谈法，或者两种方法组合来使用。

（二）资料的搜集与分析过程

如果运用的方法是访谈法，最重要的内容是如何确定访谈对象、访谈对象的数量，以及访谈对象的基本情况介绍。由于定性研究不需要考虑样本的代表性问题，确定访谈对象更多需要考虑的是信息的饱和度，因此访谈对象的类型确定非常重要。马丹在研究女货车司机的劳动实践时，运用的主要方法就是非结构访谈。在确定访谈对象方面，研究者通过"劳动与性别"的研究主题，根据雇佣性质与货运距离两个内容来确定研究对象，并对研究对象进行了尽可能详尽的多维度的介绍，以保障信息的饱和度。

本文的研究方法主要是深度访谈与参与观察。2019年2月至8月，我在北京市、四川省成都市、河北省三河市、山东省滕州市、河北省辛集市对 18 位被访者进行了深度访谈,其中有 16 位是女性卡车司机,2 位是 5A 级大型物流公司 DB 公司与 RQ 公司的车队管理者。访谈时长从 1 小时至 4 小时不等。为保证匿名性,文中提到的名字均为化名。

根据"劳动与性别"的研究主题,本文选取了雇佣性质与货运距离作为分类标准。在 16 位女性卡车司机中,有 5 位短途自雇司机、4 位短途他雇司机与 7 位长途自雇司机。田野期间未找到长途他雇司机,访谈结束后有一位长途自雇司机在旧车报废、未购新车的情况下转行成为长途他雇司机。在长途自雇司机中,有 4 位独自驾车的卡车司机和 3 位与丈夫共同驾驶"夫妻车"的跟车卡嫂。16 位被访者的平均年龄为 40 岁,最大的是 56 岁,最小的为 31 岁,她们大多来自农村,以初中学历为主。就婚育情况来看,11 位被访者已婚,5 位离婚,15 位已为人母。她们的平均入行时间是 10 年,最长的有 25 年,最短的只有 1 年。她们的驾照等级涵盖了 C1、B2、A2、A1 四种,运输的货物也多种多样,包括普货、冷藏冻货、"绿通"等。

(马丹:《"去标签化"与"性别工具箱":女性卡车司机的微观劳动实践》,载《社会学评论》2020 年第 5 期。)

如果运用的是参与式观察法,调查点的选择、如何进入现场、如何接触到调研对象、调研对象的基本情况、"观察者的身份"介绍,则是重要的内容。

本研究选取 H 街道办事处(以下简称"H 街道办")的决策过程作为研究对象,通过梳理街道办事处的领导干部(决策主体)在各种会议和非正式互动(决策平台)中进行的一系列决策案例的过程,来归纳其中呈现的制度化和非制度化特征，并探究影响街道办事处决策过程制度化水平的因素。本文作者之一以"局内人"的角色全程参加了H街道办2019—2021年全部的党政联席会和大部分的党工委会议，"参与式观察"了大量决策案例的过程。此外，还运用半结构化访谈方法对参与决策的H街道办部分工作人员进行了深度访谈，尽可能客观详尽地还原不同政策的具体决策过程。在此基础上，本文对收集到的2019—2021年H街道办所有非保密政策文本、会议纪要等文本进行整理分析，从而呈现不同决策案例存在的差异及原因。

（李振、李小鹏：《街道办事处决策过程的制度化与非制度化——以H街道办事处为例》，载《政治学研究》2023年第4期。）

定性研究中，资料的分析如果运用了软件，如Novivo软件，就需进行相应的介绍。如果是研究者本人不借助任何软件进行的人工分析，则不需要介绍，因为这种分析比较复杂，与研究者的研究能力息息相关，研究者本身就是研究工具，没有办法进行模式化的介绍。

二、定量研究的资料搜集与分析

（一）资料的搜集方法

定量研究主要使用问卷法、量表法和文献法来搜集资料。与深度访谈和参与观察相比，上述三种方法获得的资料高度标准化，更适宜定量分析。

问卷法是定量研究最常用的资料搜集方法，分为自填问卷和结构访问。自填问卷对研究对象的文化水平具有一定要求，要至少能够理解问卷中各题项的含义，研究对象才可以自填问卷。结构访问对研究对象的文化水平没有要求，但需要对调查员进行培训。结构访问中无法排除调查员对研究对象的干扰，但尽可能通过对调查员的培训来减少这种干扰，并尽可能使干扰是一致的。

因为问卷是主要的研究工具，所以问卷的设计是问卷法中最重要的问题，需要围绕着研究目的、调查对象的特征等要素来考虑。

如果进行描述性研究，研究目的是搞清楚调查对象的一些基本情况，问卷中的题项就更多询问基本事实。例如，要了解某校学生的学习态度，就可以询问调查对象学什么、学多久、在哪里学及是否有迟到、早退、旷课等与学习习惯相关的问题。如果进行解释性研究，研究目的是了解变量之间的关系，问卷设计就要围绕着研究假设和关键变量来进行。要了解家庭关系对学习行为的影响，研究假设就可能是"家庭关系好的孩子学习行为也好"。这个研究假设只是一个理论假设，需要转换为一组操作假设，其中一个操作假设可能是"父母亲一个星期争吵次数超过5次的孩子学习成绩在班上处于中下等"，问卷设计中就要询问父母亲的争吵次数及孩子的成绩名次等问题。

调查对象的特征也会影响问卷设计。如果调查对象的文化程度比较高，对调查内容比较熟悉，就可以使用比较专业的术语来设计问卷，题项也可以相对多一点。如果调查对象的文化程度低，对调查内容不熟悉，就要尽可能避免使用专业术语，题项也要少一点。另外，如果调查对象的结构高度同质，问卷设计针对性就要更强一些。如果调查对象的结构异质性较高，问卷的设计针对性就弱一点。思考一下，针对基础设施的调查，如果调查对象是学生，问卷该如何设计；如果调查对象是小区居民，问卷又该如何设计。

量表法也是询问一组问题，看上去与问卷非常相似。但是，问卷的题项所涉及的内容分散，量表的题项所涉及的问题比较集中。量表倾向于运用一组问题来询问某一种态度、观点或某种素质。表5.4是罗森伯格自尊量表，运用了 10 个问题来考察研究对象的自尊情况。

表 5.4 罗森伯格自尊量表

类目	选项
总的来说，我对自己很满意	非常同意（　）同意（　）不同意（　）非常不同意（　）
我有时认为自己一点也不好	非常同意（　）同意（　）不同意（　）非常不同意（　）
我认为自己有很多好品质	非常同意（　）同意（　）不同意（　）非常不同意（　）
我能像大多数人一样做事	非常同意（　）同意（　）不同意（　）非常不同意（　）
我认为自己没有什么值得自豪的地方	非常同意（　）同意（　）不同意（　）非常不同意（　）
我有时感到自己没用	非常同意（　）同意（　）不同意（　）非常不同意（　）
我认为自己还行，至少同别人一样	非常同意（　）同意（　）不同意（　）非常不同意（　）
我希望自己能得到更多的尊重	非常同意（　）同意（　）不同意（　）非常不同意（　）
我总是倾向于认为自己是个失败者	非常同意（　）同意（　）不同意（　）非常不同意（　）
我对自己抱着积极的态度	非常同意（　）同意（　）不同意（　）非常不同意（　）

量表法计分方法如下。

对于正向题，选择"非常同意"计 4 分，选择"同意"计 3 分，选择"不同意"计 2 分，选择"非常不同意"计 1 分。对于反向题，选择"非常不同意"计 4 分，选择"不同意"计 3 分，选择"同意"计 2 分，选择"非常同意"计 1 分。然后将 10 道题的总分相加。总分大于 35 分是高自尊，总分在 30～35 分是较高自尊，总分在 25～30 分是一般自尊，总分在 20～25 分是较低自尊，总分低于 20 分是低自尊。

由于量表法运用多个问题来询问某个事实，题项之间具有较强的相关性，可以运用各题项答案的一致性程度来测量其信度，而问卷调查法则不能这么处理。

文献法也是定量研究常用的方法，主要有内容分析法、二手资料分析和统计资料分析。注意，在毕业论文中参考了别人的文献，不能叫作文献法，只有将文献作为研究对象时，才能叫文献法。

（二）资料的搜集过程

定量研究中资料的来源有两种，一种是其他研究者已经搜集好的现存的资料，一种是研究者自己直接搜集的资料。如果是前者，需要对资料进行详细的叙述；如果是后者，需要说明搜集的具体过程。下面就是定量研究中对现存资料的详细介绍。

本文分析使用的数据全部来自 2010 年第三期中国妇女社会地位调查，该调查是全国妇联和国家统计局继 1990 年和 2000 年第一期和第二期中国妇女社会地位调查后组织的又一次全国规模的调查。调查采用了按地区发展水平分层的、三阶段概率与规模成比例（PPS）抽样方法，样本覆盖了除港澳台地区的中国 31 个省、自治区、直辖市的人口。调查的内容包括健康、教育、经济、社会保障、政治、婚姻家庭、生活方式、法律权益和认知、性别观念和态度 9 个方面（第三期中国妇女社会地位调查课题组，2011）。

2010 年第三期中国妇女社会地位调查的有效样本为 26 166 人。考虑到本文的研究需要，我们将样本限定为居住在城市的从事非农受雇职业的人群。经过这一限定，符合要求的样本为 7101 人。在去除缺失值以后，进入实际分析过程的样本为 6948 人。

（许琪、戚晶晶：《工作—家庭冲突、性别角色与工作满意度——基于第三期中国妇女社会地位调查的实证研究》，载《社会》2016 年第 3 期。）

对于研究者自己搜集的资料，就需要介绍抽样的过程方法，对样本进行描述并介绍资料的分发与回收情况，如下面的例子：

本文所用资料来源于笔者2008年在北京、上海、南京、武汉、成都五大中心城市所进行的已婚青年抽样调查。调查的对象是"夫妻双方中至少一方是在1975年及其以后出生"的青年夫妻（统计结果表明，实际所抽得的样本中96.6%的人年龄在23～33岁）。具体的抽样程序是：在每一城市中，简单随机抽取两个城区；在抽中的城区中，简单随机抽取一个街道；在抽中的街道中，简单随机抽取两个社区；在每个抽中的社区中，根据社区和计划生育部门的相关登记资料，按照青年夫妻的年龄和身份，分别抽取"双独夫妻"（双方均为独生子女）、"男独女非夫妻"（男方为独生子女，女方为非独生子女）、"男非女独夫妻"（男方为非独生子女，女方为独生子女）以及"双非夫妻"（双方均为非独生子女）各20对。每个城市总计抽取320对夫妻，五个城市总计抽取1600对夫妻。调查采用自填问卷方式进行，由经过培训的大学生调查员入户抽取夫妻中的一人作为调查对象。调查员采用轮换抽取丈夫和妻子的方法进行实地抽样。即若前一对夫妻中调查的是丈夫的话，下一对夫妻中尽量调查妻子。调查实际成功完成有效问卷1216份，有效回答率为76%。在有效回答的1216位对象中，丈夫557位，占45.8%；妻子659位，占54.2%。我们通过问卷询问了被调查对象的配偶的个人背景资料。这样，总共1216对青年夫妻就构成本文分析的样本。

（风笑天：《谁和谁结婚：大城市青年的婚配模式及其理论解释》，载《广西民族大学学报》2014年第7期。）

需要注意的是，抽样的对象不一定是人，也可能是物。如果运用文献法中的内容分析法，抽样的对象就是物而不是人。

本研究首先对《中国妇女》进行抽样，笔者运用简单随机抽样方法在1990～1999年、2000～2009年的杂志中各抽取了4年的资料，分别代表20世纪90年代和21世纪第一个10年，在2010～2015年的杂志中随机抽取了 3 年的资料，代表 21 世纪的第二个 10 年。本研究按照实际抽取的顺序进行编码和阅读，以弱化研究者主观性的影响。实际抽取的资料及顺序如下：20 世纪 90 年代：1991 年、1998 年、1993 年、1996 年；21 世纪第一个 10 年：2003 年、2008 年、2001 年、2009 年；21 世纪第二个 10 年：2015 年、2013 年、2012 年。这 11 个年份中所有关于女性人物的报道构成了本研究的分析样本。

需要说明的是，从 2000 年起，《中国妇女》杂志增加了发行密度，改为每月两期。但是上半月刊和下半月刊的定位并不相同。上半月刊的定位是"励志的范本、成长的蓝图、快乐的样本"，形成的是"品牌本"，下半月刊的定位则是"身边的律师、维权的指南、人生的良友"，是"法律帮助专刊"。实际上，上半月刊与之前的刊物保持了很好的一致性，而下半月的"法律帮助专刊"更像是一个副刊。因此，本研究仅仅选取上半月刊作为研究样本，以保证资料的可比性。因此，在三个时期共 26 年中，本研究最终抽取了 11 年共 132 期《中国妇女》。经过编码阅读，本研究共获得 304 份女性人物资料。

（聂焱、王晓焘：《变迁中的女性形象再探——基于〈中国妇女〉杂志（1950～2015）的内容分析》，载《中国研究》2019 年总第 24 期。）

（三）资料的分析

如果是描述性研究，资料的分析过程比较简单，许多研究就会略去资料的分析过程。如果是解释性研究，资料的分析可能会报告两个方面的内容，一是分析资料所运用的模型，二是分析资料所运用的软件。其中最重要的是分析资料所运用的模型，以及纳入模型的各种变量。特别是定量研究，往往详细介绍研究所用的模型及模型中各个变量的含义、操作工具及测量方法，如下例：

二元 Logistic 回归中应变量和自变量的选取如下：

应变量：意愿生育子女数与目前生育子女数的差异值。结果显示：意愿生育子女数大于目前生育子女数的妇女（N=946）比例占总体的39.91%；意愿生育子女数等于目前生育子女数的妇女（N=1423）比例占总体的60.09%；样本中尚未出现生育意愿小于生育行为的妇女。因此，为了更好地研究从生育意愿到生育行为的距离，本研究将"意愿生育子女数等于目前生育子女数"的妇女划为"生育意愿等于生育行为"，将"意愿生育子女数大于目前生育子女数"的妇女划为"生育意愿大于生育行为"，并以"生育意愿等于生育行为"为参照组。

自变量选取根据"行为计划理论"进行选取。生育态度选取2007年基线调查"再要孩子是否考虑夫妻感情"来代表妇女生育和养育孩子的间接成本，将2010年跟踪调查中"理想孩子性别"作为考查性别偏好的变量。主观规范选取2007年基线调查中妇女再要孩子是否考虑"亲友／邻居／同事的看法"来考查。知觉行为控制选取2010年跟踪调查中妇女的年龄、工作情况，以及2007年跟踪调查中"再要孩子考虑是否有人照顾孩子"作为实现生育行为所具备的能力、资源和机会。生育计划则选取2007年基线调查中"已婚并已生育一个孩子、按照生育政策可以生两个孩子的妇女"中"您是否打算再要一个孩子"进行测量。

（茅倬彦、罗昊：《符合二胎政策妇女的生育意愿和生育行为差异——基于计划行为理论的实证研究》，载《人口研究》2013年第1期。）

至于分析资料所运用的软件，有些研究会简单地介绍"本研究使用SPSS（或State软件或其他的软件）软件来处理资料"，有些研究则可能略去。

本章要点

* 研究设计的作用主要是展示研究者的专业性和研究能力、让其他研究者通过研究设计来评价资料的信度和效度、方便与其他研究进行比较。

* 从研究目的来看,研究设计主要分为对研究对象不太了解的探索性研究、对研究对象的基本情况进行描述的描述性研究、对研究对象的某一特征是否被其他特征所影响及如何影响的解释性研究。

* 从研究策略来看,研究设计主要分为关注总体、关注变量之间关系的定量研究与关注细节、关注理解的定性研究。

* 概念(Concept)是对现象的一种抽象。它是一类事物的属性在人们主观上的反映。

* 变量是概念中的一种,是具有多种取值的概念。

* 由于概念具有抽象性,对于同一个概念,不同的个体具有不同的理解。因此,研究者需要在研究设计部分对核心概念给出清晰的界定,才能让读者明白研究者探讨的现象到底是什么。

* 对变量的操作化是将抽象的变量翻译成具体的可以观察的变量。不是所有的变量都需要操作化,比如性别,通常就分为男性与女性两类,不需要再进行操作化。但是对于抽象的容易引起歧义的变量,就必须进行操作化。

* 理论是以一种系统化的方式将经验世界中某些被挑选的方面概念化并组织起来的一组内在相关的命题。[1] 建构理论的目的是解释社会现象。

* 定性研究的资料搜集方法主要有非结构访谈法和参与观察法。

* 定量研究主要使用问卷法、量表法和文献法来搜集资料。

---

[1] 风笑天.社会研究方法[M].5版.北京:中国人民大学出版社,2018:22.

课后实践

* 确定一个自己感兴趣的选题,然后给出具体的研究设计,并说明为什么这么设计。

第六章 分析论证

> **启发式问题**
>
> 1. 什么是分析论证?
> 2. 论文的论证方法有哪些?

论文,关键在"论",无论撰写何种形式的论文,我们都需要一个符合逻辑的论证过程。论证,就是用逻辑和证据证明观点的过程。这在日常生活中也随处可见。

例1

你逛菜市场时的讨价还价,是在论证该物品的价格应该更便宜一些。

例2

统计学小故事

由于战争，德国有一个时期物资特别紧缺，就对食物实行配给制：政府把400克的面粉发给指定的面包房，然后由面包房烤成面包再发给居民。

有一个统计学家，怀疑他所在区域的面包师傅私扣面粉，于是就天天称自己的面包。一个月后，统计学家向政府报告，并在政府人员陪同下去到面包房，找到面包师傅说："政府规定配给的面包是400克，因为模具和其他因素，你做的面包可能是398克、399克，也可能是401克、402克，但是按照统计学的正态分布原理，这么多天的面包重量平均应该等于400克，可是你给我的面包平均重量是390克。我有理由怀疑是你使用较小的模具，私吞了面粉。"然而，面包师傅不承认自己私扣了面粉，他也有自己的道理：什么事情都会有误差，就像两块一模一样的手表，指针也会有细微的差异；当然他做的面包也会有差异，有可能大于400克、有可能小于400克；这只能怪统计学家的运气太差，分到的都是较小的面包！

面包师傅所说的好像也有道理！那这少了的10克面包到底是不是面包师傅私扣的？统计学家能证明自己的观点吗？

在面包师傅觉得统计学家找不到证据、拿他没办法时，统计学家将10天的面包数据进行了统计分析，当场推演给政府官员及面包师傅看，最后面包师傅不得不承认自己私扣了面粉，并再三道歉保证马上更换正常的模具。

分析论证是毕业论文最核心的部分。选题阶段，我们基本形成了研究问题，选择了研究视角、研究方法等要素，同时还预设了研究结论。若把研究问题看作起点的话，则预设的研究结论就是终点。因此，我们在论文撰写中的一个重要任务就是将起点和终点间用一条清晰的线连接起来，研究视角、研究方法等要素是帮助我们探寻如何到达终点的有效工具。

第一节 分析论证的内涵和基础

一、分析论证的内涵

本论是毕业论文的主体部分，而分析论证则是本论部分的核心，是整篇论文分析问题、论证观点的关键，也是最能显示作者研究成果和论文学术水平的重要部分。毕业论文写作既是对学生逻辑思维的锻炼，也是对学生逻辑思维能力的检验。在毕业论文的写作过程中，对材料、案例无法进行详尽透彻的分析，核心观点、论点阐述不清，缺乏条理，论据支撑力度不够、经不起反驳等，这些看似纷繁复杂的问题，实质上都可以归结为分析论证部分薄弱。可以说，一篇论文质量的高低，主要取决于分析论证部分的质量。

分析论证是毕业论文的核心组成部分，既接续和落实前述研究设计，针对论文选题开展具体的研究，又提出论点并根据论据进行分析论证，为后文的结论部分打下基础，起到承上启下的作用。不论是基于毕业论文的整体框架结构，还是从具体写作细节的逻辑性出发，分析论证部分都是连贯全文、对论文整体质量起重大影响作用的关键所在。

二、分析论证的基础

分析论证的基础是材料的搜集和获取。正确鲜明的观点是一篇论文存在的必要条件，那论文的论点从何而来？不能仅仅依靠头脑中固有的看法和认知，也不能只凭借"灵机一动"和"突发奇想"，而是从对材料反复的、深入的、细致的分析中得来的。巧妇无米难以为炊，善为文者必善积累。马克思在《资本论》序言中写道："研究必须充分地占有材料，分析它的各种发展形式，探寻这些形式的内在联系。只有这项工作完成以后，现实的运动才能适当地叙述出来。"材料搜集是撰写毕业论文的核心工作，各个学科和专业可能有不同的材料对象和形式，但相同的是没有充分和必要的材料获取，毕业论文就无从研究，也就没有研究成果的产出。

毕业论文是一项研究工作，而研究工作的基础就是占有材料，没有材料或缺少材料，分析论证无从着手，整个论文研究工作也会难以深入展开。一篇论文从形式上来看包括结构和语言两个方面，从内容上来看则包括材料和主题两个要素，材料是论文的具体内容，是文章的理论依据，没有了材料，主题就成了无本之木、无源之水。所以，详尽的材料搜集是毕业论文分析论证的基础和前提。

毕业论文材料是指作者为了撰写毕业论文，通过实验、观察、调查、文献检索等途径，获得的用以表现论文主题的一系列的事实及依据。毕业论文材料首先应与论文选题相关，包括各种类型的间接的文字资料，以及通过实践调查等途径而得出的直接的一手资料，可以呈现为著作、文献、工具书、文件条例、统计数据、典型事迹与实例、实验及调研材料、网络资料等。毕业论文的资料应该具备以下几个特点。

1. 充足性

材料是毕业论文写作的各个阶段都不可或缺的,就像盖房子时打的地基,地基打得不牢固,外观设计再漂亮的房子也会倒塌。材料的充足与否,在很大程度上决定了分析论证的质量和价值。但同时应注意,信息爆炸时代下任何选题的相关材料都浩如烟海,搜集时不能不加以区别地见材料就采集,而是应尽量做到系统和全面,即应全方位、多角度地搜集相关选题的材料,既要避免漫无目的、耗费大量的时间和精力,甚至影响毕业论文的进度要求和进程安排,又要保证分析论证材料的充足性,在分析论证过程中不至出现以偏概全的情况。

2. 真实性

搜集和获取的材料是分析论证的基础,如果不能满足真实性甚或失真,那么基于此展开的分析论证和论文的观点、写作等全篇内容都是建立在"空中楼阁"之上。因此,在进行毕业论文材料搜集和获取的过程中,需要进行去伪存真的鉴别。为确保材料的真实性,可以通过尽量使用一手材料,选择可信度高、质量有保证的文献资料,全文引用时尽量不做任何改动等途径来降低材料失真的可能性。

3. 适用性

有了充足、真实的材料,作者不能全部照搬,把所有的材料都写入论文中,还需要进行进一步的筛选。所谓材料的适用性,就是选取与论文中心论点关系最密切、最有说服力的材料,对于不具备这些条件的材料要敢于大胆放弃,不能出现材料冗长繁杂、分析论证部分薄弱,甚至偏离主题、不知所云的情况。同时,值得注意的是,材料的量不能盲目求多,也不能太少。太多容易出现大而不当,难以取舍;太少则可能造成以偏概全,分析论证都不够充分和有力。

4. 新颖性

创新是一项学术研究安身立命的根本，对于毕业论文所必需的资料，当然也要具备这个特点。毕业论文材料的搜集和获取应力求新颖，力争在相关的研究领域挖掘到较新的材料，从而使论文的观点和立论具备创新点和研究价值，避免出现新瓶装旧酒、老树无新枝的无意义研究。新颖的资料是指搜集和获取的材料应该保证具备新、及时、前沿等特点，这样的资料本身就具备一定的学术价值，可对其进行多角度的分析论证。

第二节 分析论证的方法

论文的分析论证方法是将论点与论据有效组织起来，也即用论据来证明论点的方法与过程。

一、分析论证方法的基本形式

毕业论文的主体部分要求分析论证充分，说服力强、结构严谨，条理清楚，观点和材料相统一。而分析论证作为本论的核心部分，最主要的任务是"讲论点、摆论据"，作者要千方百计地证明自己的观点是正确的、可信的。为此，必须围绕论点，运用论据，展开充分的分析论证。从论题的性质来看，论证又可分为立论和驳论两种形式。

（一）立论

立论，就是通过恰当的论证方法，用论据证明论点。不管是先提论点，然后分析论证，还是先分析论证，然后归纳论点，都与具体的分析论证方法和过程密切相关。立论时运用概念、判断和推理等逻辑思维形式，针对客观事物或问题，直接提出自己的见解和主张，正确地揭示出客观事物的本质和规律。换一个角度来说，立论就是运用充分有力的证据从正面直接证明自己论点正确性的论证形式。立论有时是在"破"的基础上进行的，"先破后立""边破边立"即此意。立论的过程是，先运用概念、判断和推理等逻辑思维形式，对客观事物进行分析和综合，然后通过摆事实、讲道理，从正面直接证明自己的主张。立论的最终目的是正确地揭示出客观事物的本质和规律。

立论应具备论点、论据和论证三要素。立论的要求也据此提出。即首先论点要明确、准确、正确。其次，运用的论据要真实、典型、充分。论据不可以随意编造，使用理论论据时不能断章取义。在进行毕业论文材料的搜集和获取时，要注意做好整理工作，在撰写论文时，应注明论据的出处。最后，要注意安排好论证的逻辑关系，即整篇论文的分析论证部分。

分析论证是用论据来证明论点的过程，主要是按照一定的逻辑推理形式把论点和论据组织起来，证明论点是正确可信的。常用的逻辑推理形式有归纳推理、演绎推理和类比推理。归纳推理是从许多个别事物的分析、研究之中，归纳出一个共同性的一般结论。它的特点是从具体到抽象，从个别到一般，合乎人们的认识规律。演绎推理是从已知的一般道理来推出个别事物的结论。它的特点是从一般到个别，从抽象到具体。归纳和演绎推理是写作议论文时最基本的推理形式，运用极为普遍。类比推理是从已知事物的某种属性，推出类似的另一事物也具有同样的属性的方法。它的特点是从个别到个别，写作议论文时也经常使用。

同时，分析论证也是用论据证明论点的具体方法，由于分析论证的内容不同，采用的分析论证方法也是多种多样的。无论论文选用哪一种方法，值得注意的是分析论证与逻辑推理密不可分，一种分析论证方法就是某种逻辑推理形式的具体运用。论证合乎科学，就是要合乎逻辑，合乎人们认识事物的规律，也只有这样，分析论证才是充分的、有力的。

（二）驳论

驳论是指通过揭露和驳斥错误的、反动的论点来确立自己的论点。驳论的作用在于"破"，即辨别是非，驳斥错误的观点，同时树立正确的观点。在进行驳论时，应区分不同性质的矛盾，坚持以理服人的原则。在一篇文章里，立论和驳论往往是相辅相成的。进行驳论，事先必须占有材料，对错误言论进行周密的分析，弄清它的症结所在，集中一点，才能一针见血，击中要害。"伤其十指，不如断其一指"，这是驳论的要领。驳倒了错误的论点，正确的论点才能确立起来。进行驳论，还要选准角度。如同打仗一样，进攻的角度选得不好，就不能给敌人以致命的一击。

驳论是通过驳斥敌论点，证明它是错误的、荒谬的，从而证明自己观点正确性的一种论证方法。常用的驳论方法有直接反驳、反证法、归谬法等。直接反驳就是运用论据或推理，直接证明敌论点是错误的方法。反证法指的是为了证明对方的论点是错误的，可以先证明与其相矛盾的另一论点是正确的。归谬法，即先假定对方的论点是对的，然后以它为前提，推导出一个明显荒谬的结论，从而证明对方论点是错误的。

驳论的方法，最基本的仍然是摆事实、讲道理，立论的各种方法都可以在驳论中使用。驳论的一般方法包括驳论点、驳论据和驳论证。驳论点是就文章的论点中的根本性错误，对与相关基本原则冲突的部分进行反驳。驳论据是对文章的支撑——论据进行反驳，既可以直接反驳，也可以通过归纳论据中的谬误的办法反驳。驳论证是对文章的论证方式进行反驳，针对举例论证可以举出例子证明事实中与情理不符的部分，针对排比论证可以指出排比中不合理的部分，针对道理论证可以采用哲学知识指出其错误的部分进行反驳。

二、常用的分析论证方法

根据分析论证部分的实际需要，可选用不同的分析论证方法。常用的分析论证方法有以下五种。

（1）事实论证。事实论证是一种从材料到观点、从个别到一般的论证方法。一般是开门见山提出论题，然后围绕论题逐层运用证据证明论点，最后归纳出结论。这种论证的结构和方法，比较符合人们的思维认识规律。

（2）理论论证。理论论证的逻辑形式是演绎推理，就是将归纳所得的论点，用公认的成熟理论来考量。除了引用普遍性原理和原则外，各门学科的理论也可以作为理论论据。如公共管理学理论、社会学理论等。理论论证的论据还可以是某些经过时间检验的、广为流传的谚语、格言和成语等。

（3）因果论证。因果论证是根据客观事物之间都具有的普遍的和必然的因果联系的规律性，通过揭示原因来论证结果。

（4）对比论证。对比论证，也称"比较法"，是一种求异的思维方式，其侧重于从对事物的相反或相异属性的比较中揭示需要论证的观点的本质。

（5）比喻论证。比喻论证是用比喻或者打比方的方式来论证。在比喻论证中，比喻者是一组形象示例，其中包含一定的关系和道理，被比喻者往往是抽象的。

三、确定分析论证的方法

主题确定了，分析论证方法不对，论证得不好，也不会写出好文章。在认识和了解具体的分析论证方法之后，如何根据论文所需采用合适的方法也是不可忽视的重要环节。

（一）确定分析论证的形式

首先确定论文采取的形式是立论还是驳论。在一般情况下，毕业论文的基本论证方法是立论。就是在一篇文章中确立一种观点，即文章的基本论点。围绕着这个主题，全面阐述它的正确性、必要性，以及具体的适用方法，使这个观点立得住。有时候也会进行驳论，集中一个错误的观点，进行全面的批驳，展现这一观点的谬误所在，认识它的错误本质，推翻这个主题。驳论的结果，还是要确立自己的观点，没有自己的观点，驳论就没有力量。在一篇文章中，只批判别人的观点，甲的意见不对，乙的意见也不对，丙的意见还不对，最后得出的结论是："但是究竟什么观点是对的，我也不知道，我还没有研究出来。"这样的驳论，就没有力量，价值也不大。

由此可见，在一篇文章中，往往是既有立论也有驳论。但如何在驳论的同时使自己的论点立住，如何在立论的同时对敌对观点进行驳斥，是分析论证部分的一大难点。值得注意的是，立论和驳论都可以用局部的、个别的方法。

（二）确定分析论证的具体方法

确定了论文分析论证的形式后，还应确定分析论证的具体方法，即前述例证法、分析法、因果论证法等。从理论上看，一篇文章一般就用一种论述方法。例如，用比较法作为分析论证方法写一篇文章，就是比较法的论文；推介国外的一种制度，说明中国可以结合自己的实践情况借鉴使用，就是推介法的文章。

但实际上，在一篇毕业论文中，尤其是质量较高的论文，往往不会只用一种论证方法，而是根据具体情况需要，综合使用多种方法。对于初次接触学术论文的大多数学生来说，在一篇文章中使用多种论证方法，会有些眼花缭乱，理不出头绪。但当论文的选题论证部分通过以后，在写作实践中根据科学合理的研究设计、通过充分的材料搜集和获取，综合使用分析论证方法不仅会水到渠成，还能帮助学生理清思路、提升写作逻辑性。

第三节　分析论证的结构

毕业论文撰写中，提出一个好问题仅是第一步，论证是文章工作量与创新性的关键。若提问之后我们一走了之，写作就沦为断头文章。❶我们应该给出问题的答案。

在毕业论文中，瞄准研究问题，提出一个观点，用理由支持这一观点的过程就是分析论证。而这个理由是基于论据、承认并对其他观点的回应，有时还要解释推理的原理。论证是整个研究能否成功的关键，它是论文的提纲，是所有素材所依附的骨架。❷关于论证，内容较多，推荐大家阅读威廉姆斯与科洛姆所著的《论证的艺术》❸和安东尼·韦斯顿著的《论

---

❶ 刘军强.写作是门手艺[M].桂林：广西师范大学出版社，2020：171.
❷ 安东尼·韦斯顿.论证是一门学问[M].姜昊骞，译.成都：天地出版社，2019：108-109.
❸ 威廉姆斯，科洛姆.论证的艺术[M].闫佳，译.北京：人民邮电出版社，2022.

证是一门学问》❶这两本书。它们是目前笔者阅读范围内介绍论证最清晰、最系统的著作。

下面我们引用《芝加哥大学论文写作指南》❷中的一个案例，帮助大家更清楚地理解论证的结构。

A. 我听说你上学期遇到了困难。你觉得这学期会怎样？（A 以提问的方式提出一个问题）

B. 我希望会好一些。（B 回答）

A. 为什么？（A 寻找理由来相信 B 的回答）

B. 我在上专业课。（B 给出一个理由）

A. 比如什么课？（A 寻求证据来佐证 B 的理由）

B. 艺术史，设计入门。（B 提出证据来支持他的理由）

A. 为什么上专业课会有不同？（A 看不到 B 的理由与他会做得更好的主张之间有何关联）

B. 我上自己喜欢的课时会更努力。（B 提出一个一般性原则将理由和主张联系到一起）

A. 那你要上数学课会怎样？（A 反驳 B 的理由）

B. 我知道，上次我修这门课后来又放弃了。但是我找到了一个好导师。（B 承认 A 的反驳并做出回应）

如果你把自己看作 A 或者 B，你毕业论文的分析论证过程就相对比较容易，因为你可以从以下五个问题的答案中构建一个论证。❸

---

❶ 韦斯顿.论证是一门学问[M].姜昊骞,译.成都：天地出版社,2019.
❷ 杜拉宾.芝加哥大学论文写作指南[M].雷蕾,译.北京：新华出版社,2015：54.
❸ 同❷.

①什么是你的观点？
②有什么理由来支持这个观点？
③有什么证据来支持这些理由？
④你如何回应反对的观点和替代的观点？
⑤什么证据可使你的理由与观点相关？

一、观点以理由为基础

观点，也称为"论断"，是论点的声明或主张，是毕业论文的核心，是对研究问题的回答。论断的内容在文献综述部分已有介绍，这里不再赘述。

理由则是支持观点的句子，我们常用"因为"来连接观点与理由。

👉 示例1

你的成绩应该提高了。（观点）
因为你每天多花了2小时进行学习。（理由）

👉 示例2

电视暴力会对儿童的行为方式产生巨大影响。（观点）
因为儿童处于一个非常脆弱心理阶段，尚未形成自己的思考，大量的暴力灌输会让他们觉得暴力是一件很正常的事，从而慢慢改变他们的思维，以至于暴露在大量电视暴力下的儿童倾向于接受他们所看

到的价值观。(理由)

通常一个理由可被更多的理由支持,这样一来这个理由就变成了观点。因此一个句子可能既是理由又是观点,例如:

电视暴力会对儿童的行为方式产生巨大影响,(观点1)

因为儿童处于一个非常脆弱心理阶段,尚未形成自己的思考,大量的暴力灌输会让他们觉得暴力是一件很正常的事,从而慢慢改变他们的思维,以至于暴露在大量的电视暴力下的儿童倾向于接受他们所看到的价值观。(理由1支持观点1/观点2被理由2支持)

电视上的暴力行为被"美化"、"淡化净化"和"轻描淡写化",将使他们无法分辨想象与现实社会的差别。(理由2支持理由1/观点2)

二、亮出证据

理由可以以其他理由为基础,但最终都必须建立在证据的基础上。例如:

电视暴力会对儿童的行为方式产生巨大影响,(观点1)

因为儿童处于一个非常脆弱心理阶段,尚未形成自己的思考,大量的暴力灌输会让他们觉得暴力是一件很正常的事,从而慢慢改变他们的思维,以至于暴露在大量的电视暴力下的儿童倾向于接受他们所看到的价值观。(理由1支持观点1/观点2被理由2支持)

电视上的暴力行为被"美化"、"淡化净化"和"轻描淡写化",

将使他们无法分辨想象与现实社会的差别。（理由2支持理由1/观点2）

Smith（1997）发现一天看超过3小时电视暴力节目的5～9岁的儿童，比其他儿童有高出25%的几率认为他们所看到的电视节目是"真实发生的事情"。（证据支持理由2）❶

三、回应其他观点

在毕业论文的写作中，仅以证据为基础的理由来支持观点往往是不够的。在论文答辩中，答辩委员会老师一般不会仅凭你提出的理由就认可你的观点，他们常常会问一些你没有的证据，或对你的证据进行其他的解读，或是从同样的证据中引出不同的结论。他们可能会拒绝接受你理由的正确性；或即使他们接受你的理由，却否认这些理由与你观点的关联性，因而不能支持你的观点。所以，我们在论文写作中要尽可能预估他们提出的重要问题，然后对其进行承认并作出回应。例如：

电视暴力会对儿童的行为方式产生巨大影响，（观点1）

因为儿童处于一个非常脆弱心理阶段，尚未形成自己的思考，大量的暴力灌输会让他们觉得暴力是一件很正常的事，从而慢慢改变他们的思维，以至于暴露在大量的电视暴力下的儿童倾向于接受他们所看到的价值观。（理由1支持观点1/观点2被理由2支持）

电视上的暴力行为被"美化"、"淡化净化"和"轻描淡写化"，将使他们无法分辨想象与现实社会的差别。（理由2支持理由1/观点2）

Smith（1997）发现一天看超过3小时电视暴力节目的5～9岁的

---

❶ 布斯，等. 研究是一门艺术 [M]. 陈美霞，等，译. 北京：新华出版社，2009：111-114.

儿童，比其他儿童有高出 25% 的几率认为他们所看到的电视节目是"真实发生的事情"。(证据支持理由 2)

当然，倾向于观看大量的暴力性节目的儿童可能已具有暴力的价值观。(承认)

但是 Jones（1989）发现不论儿童有无暴力倾向，他们都易被具有暴力性的电视节目吸引。(回应)

四、为理由与观点的关联给予论据

有时候，答辩委员会老师即使同意有充分的证据支持你的理由，他们可能还是不接受你的观点，因为他们质疑的不一定是理由的真实性，而是理由与你观点的关联性。为此他们通常会问：虽然你的理由是真实的，但它为什么与你的观点有关联？例如，下面日常生活中母女间的对话：

妈妈：今天降温了，(理由) 你应该穿厚外套。(观点)
孩子：降温怎么了？为什么这就意味着我要穿厚外套？

对话中孩子的问题挑战的不是理由的真实性（降温了），而是它与观点（应该穿厚外套）的关联性。对于这个问题，你可以用一个一般性的道理进行回答：

降温后，人们应该穿暖和点。

这句话就是一个依据，以显示为什么你相信这个特定理由与这个特定观点有关联，它通常被称为"论据"。其陈述的是一个基于我们日常生活经验总结出来的常识：当某个一般性条件存在的时候（降温），我们就有理由说某个一般性结果会随之而来（人们应该穿暖和点）。所以，我们就可以利用这个论据来合理说明：这个一般性结果的一个特定实例（你的观点）是从前述一般情况下的一个特定实例（你的理由）推导出来的。[1]

不管通过什么形式陈述，论据通常包含一般情况和我们据此推理的一般性后果两部分内容。它们可以是一个推理规则、一种定义、因果关系、某件事为另一件事的先兆等。

如果论据和理由是正确的，而且理由和观点是论据恰当的例子，那么观点就必然是正确的。

---

[1] 布斯, 等. 研究是一门艺术 [M]. 陈美霞, 等, 译. 北京：新华出版社, 2009：113.

本章要点

* 论证就是用逻辑和证据证明观点的过程。

* 分析论证的基础是材料的搜集和获取。

* 常用的分析论证方法有：事实论证、理论论证、因果论证、对比论证、比喻论证。

* 分析论证包含五个要素：观点、理由、证据、论据，以及承认和回应。其中，观点、理由、证据为核心要素；论据、承认和回应两个要素是三个核心要素的黏合剂。

课后实践

* 阅读相关毕业论文，简述其分析论证过程。

第七章　摘要、关键词和结语

> 💡 **启发式问题**
>
> 1. 毕业论文摘要的结构性要素有哪些？
> 2. 毕业论文关键词的提炼要注意哪些问题？
> 3. 毕业论文结语的结构性要素有哪些？

　　本书前面章节主要介绍毕业论文的研究设计和论证过程。本章侧重于介绍毕业论文写作的形式和结构要素。在论文的诸多结构要素中，涉及论证形式的摘要、关键词、结语，由于位置的特殊性，会显著影响读者对论文的综合阅读感受。我们打个生动形象的比喻，如果把毕业论文写作看作一个复杂的系统工程，那么前面章节介绍的内容属于毕业论文写作的主体工程，而本章涉及的摘要、关键词、结语则属于工程的修饰环节。它们本质上是用简洁的文字表述清楚论文研究到底是想表达什么前所未有、与众不同的观点。这些修饰元素用得好能发挥锦上添花的功效，用得不好则会拉低论文的整体质量。很多学生在毕业论文的写作过程中，经常会忽略摘要、关键词、结语的写作价值。通过对本章知识的系统学习，大家会重新认识它们的价值，也能更好地掌握好摘要、关键词、结语的写作原则和技巧，从而实现为论文锦上添花的目的。

第一节　摘要的结构要素与写作

通常，一篇论文要把一个研究问题深刻地阐释清楚、透彻，就需要大篇幅的文字论证。因而，最重要的信息浸润在正文的字里行间。读者需要耐心把整个论文认真读下来，才能掌握文章的研究设计、研究方法和研究结论。要想轻松地获取论文的核心信息和价值，论文摘要就彰显了它的价值。

毕业论文的摘要是对论文主要内容进行高度抽象和提炼所形成的一段文字。它在性质上不属于论文的正文，但却是论文的重要组成部分。摘要意味着作者在标题之后、正文之前把最想传递给读者的核心信息明确、清晰、扼要地表达出来。这样做的目的有两个：一方面引起读者的阅读兴趣和好奇心，另一方面满足读者泛读论文的需求。

一、摘要的含义及特征

本书认为，摘要（Abstract）是关于毕业论文内容的凝练和总结，具体而言，指的是从论文内容中摘录出来的不加注释和评论的简短阐述。它通常也是一篇具有独立性和完整性的短文。从本质上讲，摘要是对论文主要理论、观点、论证方法、创新点的高度提炼和概括。通常情况下，包括中文摘要和英文摘要。

毕业论文的摘要通常具有以下五个特征。①准确性。摘要是为读者服务的，宗旨是介绍论文内容和信息，它应该准确无误地提供论文的核心信息，而不是舍本逐末或无中生有地胡写一通。②简洁性。摘要通常的字符数是有规定的，通常本科毕业论文摘要的字符数在300以内。因而，原则上要求摘要中的每一句都要尽可能简练地呈现论文的核心信息。③独立性。我们单独看摘要，它是独立成篇、完整的。虽然摘要、关键词、参考文献、附录和论文正文共同构成毕业论文的整体，但它们却和正文保持着各自独立的关系。而且摘要还能提供比较完整的论文核心信息。④规范性。毕业论文的摘要写作形式必须具备基本体系和内容，即重点介绍论文的研究问题、研究方法、研究设计。

二、摘要的类型划分

毕业论文摘要的类型划分有利于我们更好地掌握论文摘要的特点。

通常，摘要有以下几种形式的类型划分。

按摘要的语言类型，可以划分为中文摘要和非中文摘要。不同国家的论文会要求相应国别对应官方语言的摘要写作形式。国内常见的毕业论文要求作者同时写作中文摘要及英文摘要。

按学位论文的层次，可以划分为本科生的毕业论文摘要、硕士研究生的毕业论文摘要和博士研究生的毕业论文摘要。随着学位层次的提升，毕业论文摘要的字符数越来越多，内容也越来越丰富。一篇数十万字博士研究生毕业论文的摘要相当于一篇三五千字的文章。

三、摘要在论文中的位置及功能

毕业论文的摘要位置比较固定。通常情况下，摘要位于标题之后、正文之前。摘要的内容是对题目的扩充，是全文的高度概括。一篇毕业论文"闪光点"的出色展示就在摘要。

好的摘要能吸引读者。很多时候读者对论文的检索兴趣，通常是由文章的摘要决定的。摘要是用精练的语言让读者看出论文的目标是什么、论文工作做了什么、发现了什么有趣的结论。更具体地说，好的摘要就是让内行的人一看就知道作者的主要观点和结论，让非专业的人看了也能了解作者做了什么工作、得出了哪些重要发现。

好的摘要有信息价值。读者仅通过阅读摘要就能获得必要的信息，无须阅读文章的正文。论文的趣味性只是基础要求，关键是创新性和价值性。对所有的作者与读者而言，摘要都是体现和展示论文内容质量最重要的平台。在读者进行学术阅读活动的过程中，为了提高获取信息的效率，通常是重点阅读论文的标题和摘要。在摘要中发现论证问题、研究方法、研究理论、研究设计、研究结论等具有价值性和创新性的内容时，读者才会有动力继续花时间精读论文的主体。

更重要的是，论文写作的目的之一就是发表，是有效地传播论文的研究成果。国际重要检索系统通常采用英语进行检索。它们在收录一篇论文摘要时，主要的评价指标就是看这篇文章的英文摘要写得好不好。

论文被引用的频次也会受摘要质量的影响。任何学术研究都需要借鉴他人的学术成果。具体而言，论文摘要的质量高低，直接影响着论文的被检索率和被引频次。

摘要为读者提供了一个低成本的信息搜索途径。从电子数据库中搜索论文，摘要是唯一能直接搜到的内容，非常方便快捷。而如果想要检索全文，读者可能需要付费下载。

四、摘要的结构要素

从写作价值的角度而言，摘要就是毕业论文主要内容的第一个展示平台。无论采用哪种写作类型，一篇摘要都应该具备以下写作要素。

（1）研究背景及研究意义。此要素是为提出研究问题作简单铺垫，介绍论文的研究背景及研究价值。

（2）明晰的研究问题。具体而言，此要素是介绍说明提出问题的缘由，表明研究的范围及重要性。

（3）提出与研究相关的基础理论。具体而言，此要素是介绍、说明论文涉及的理论依据。

（4）研究方法。此要素提出文章所运用的对研究问题进行直接探察的方法。

（5）研究逻辑。此要素提供一个明确而且一以贯之的论文逻辑推理链。

（6）简要概括论文的结论。此要素除交代解决了什么问题外，还需要总结出对该领域科学家甚至更宽阔的领域而言论文研究结果的通用价值。

将以上内容综合起来，"研究背景+研究意义+研究问题+基础理论+研究设计+逻辑过程+研究结论"就是毕业论文的主要结构要素。通常情况下，一个要素涉及的内容用一句话进行高度概括。以上要素在写作中不一定面面俱到、追求完整。作者看哪些要素重要，就在论文摘要中重点介绍。一般情况下，作者应以介绍研究背景和内容为主。如果有哪些突破性的创新观点和见解，则应该特别重点提及。为了国际交流或者发表，论文还应附上外文（主要是英文）摘要。

五、英文摘要的写作技巧

每一篇毕业论文在形式要件上都要求同时具备中文摘要和英文摘要。好的英文摘要，可以直接反映作者的英文表达能力，也能间接反映作者对外文文献的阅读和借鉴状态。关于英文摘要的写作，最基本的要求是具有可读性，没有语法错误，如果表述语言能地道一些那就更好了。一旦作者在论文的核心概念、语法、拼写、时态、单复数、语态等语言表达环节出现明显错误，文章在读者眼里就会失去品质保障，读者就没有欲望再把文章读下去。

为了让毕业论文与"学术圈"建立积极、严谨的关联性，一篇优秀的英文摘要就显得非常重要。如下示例就是一个好的英文摘要。

中文题目：黔东南州城市社区文化建设研究

Title：Research on the construction of urban community culture in Qiandongnan Prefecture

Abstract：Community culture plays an important role in the process of urban construction and development（研究背景及研究问题）. The level of urban community culture construction also marks the speed of urbanization and the degree of urban civilization（研究意义）.This paper summarizes the achievements of the cultural construction of the domestic community, the research status of community culture construction at home and abroad（国内外城市社区文化建设的成果梳理）.In order to understand the current situation of the urban community culture construction in Qiandongnan Prefecture, this paper analyzes the three representative cases in the District of Qiandongnan Prefecture, and under the premise of fully understanding and mastering the actual situation and current situation of the urban community culture construction in Qiandongnan Prefecture. The paper explores the problems existing in the construction of community culture and puts forward its own thinking（文章研究的角度与内容）.The author thinks that the development of multi culture in the urban community culture construction in Southeast Guizhou has a great impact on the community culture; The capital investment is insufficient and the source is single; The government is the leading factor, and the residents are passive; The lack of professional talents and the low stability is very obvious（贵州黔东南的案例分析）. Therefore, in order to promote the development of urban community culture better, this paper puts forward countermeasures and suggestions in the aspects of multi-cultural development, cultural activities, capital investment, government management function and professional talent training, and hopes to provide useful suggestions for the construction of urban community culture in Southeast Guizhou（文章提出的建议和结论）.

（吴艳娟：《黔东南州城市社区文化建设研究》，贵州大学公共管理学院 2017 级城市管理专业本科毕业论文。）

六、中文摘要写作的注意事项及写作示例

可以这样说，摘要是毕业论文写作最重要的细节，如果作者希望文章能获得读者的好感，就应该在这个细节上多下功夫、多花时间。如果说论文正文需要我们不断修改完善才能出精品，那么同样的道理也适用于摘要写作。好的论文摘要也不是一次就能写出来的，也需要作者不断地修改润

色，才能为整个论文锦上添花。

摘要应该内容精练、语义准确、结构严谨、前后呼应，可以独立成篇。语言应该简洁明快、言简意赅，多用单句，少用长句。通常情况下，本科毕业论文（1万字）的摘要字数长短一般为正文字数的2%~3%。国际标准组织建议摘要字数不应少于250个字符，最多不超过500个字符。

值得注意的是，摘要中不要出现一些词汇，如代词等。而且，摘要一般不分段，不列图、表及化学结构式，也不引用参考文献。

下面以一篇文章的摘要为例来介绍一下人文社会科学论文摘要的写作技巧。

题目：寻找中国发展模式的公共行政学视角：基于地方发展型政府的述论

摘要：中国奇迹产生的奥秘在于中国发展模式的选择，学界关于中国发展模式的研究缺乏公共行政学视角（研究背景及问题）。通过开展中国发展模式与发展型国家理论的对话，发现是地方发展型政府形塑了中国发展模式的独特性（理论依据及模式）。以地方发展型政府的生成、运行及效应为叙事线索，以经济职能履行为中轴的解释路径为理解中国发展模式提供了公共行政学视角（研究内容及角度）。依照纵向的央地关系与横向的政市关系、政社关系，将地方发展型政府的实践图景归入代理型地方发展主义、地方政府统合主义与地方制度主义三个不同的解释框架（提炼的理论阐释）。寻找中国发展模式的公共行政学视角，有利于重新发现中国情境下的公共行政实践，以实现中国发展模式的深化，为开辟"中国之治"新境界贡献理论力量（理论的价值）。

（丁照攀、孔繁斌：《寻找中国发展模式的公共行政学视角：基于地方发展型政府的述论》，载《中南大学学报（社会科学版）》2022年第28卷第 3 期第 177-187 页。)

要注意的是，虽然摘要位于标题与正文之间，但作者不可能先完成摘要再写论文正稿。摘要的位置靠前是为了给读者提供阅读方便，通常情况下，是在毕业论文完成定稿后，作者再开展摘要的写作活动。这是我们写作论文的规律。

七、摘要、提要、导言、结论写作的联系与区别

摘要、提要、导言、结论的写作有着很强的关联性，四者都涉及对论文内容的提示和梳理，都能提高读者阅读正文的兴趣和效率。通常而言，摘要、提要、导言在位置上都比较靠前，位于标题和正文之间；只有结论在位置上处于论文正文的末尾部分。在毕业论文的定稿中，不需要写作提要、导言，只需要写清楚摘要和结论，但同学们也需要注意它们之间的联系与区别。

（一）摘要、提要写作的联系与区别

摘要和提要有相通之处，但区别更大。摘要是要写出最新锐的观点，不需要概括叙述，可以开门见山，说明自己独特的观点。在摘要中不要出现评价性的语言，否则摘要就成了评论。摘要非常强调论题、观点、方法、结论的完整性。而提要则侧重于说明论文写作的知识背景、写作意义。比较而言，提要不像摘要那样强调论题、观点、方法、结论的完整性。提要的核心功能是提示，即通过简单的内容介绍便于读者在阅读全文之前对论文有一个初步的判断和印象。提要在书籍简介和科技论文介绍中运用得很广泛。

（二）摘要与导言的区别

在毕业论文中不要求写导言。但我们在阅读其他期刊文献和专著时，都能看到导言的影子。导言和摘要在位置上是一致的，都位于标题之后、正文之前。但两者的写作者、内容和作用差别很大。导言可能出自编辑之手，而摘要是论文作者自己撰写的。导言主要用于说明著作及文章的目的、过程、资料来源，文中阐述的独到观点和结论，以便读者先得到一个总概念，帮助他理解整部著作。摘要的作用主要是归纳文章独特的理论、研究方法和研究结论。

（三）摘要、结论的写作联系与区别

摘要与结论在论文中所处位置不同，但它们在内容上有交叉的地方，然而同学们不能因此把摘要简单地等同于结论。摘要是对论文主要内容的提炼，是为了引起读者的阅读兴趣。而结论要对论文整个研究过程的结果进行总结，尤其要突出研究得出的主要观点和新进展。

总之，摘要作为一篇毕业论文的精华总结，是老师们评阅文章质量优劣的试金石。毕业生一定要多多用心，写好毕业论文的摘要。

第二节 关键词的写作

一、关键词的定义及特征

毕业论文的关键词（Key words）也被称为"主题词"，是作者从论文的题名、层次标题、摘要和正文中选出来的,是反映论文主题概念的词和词组。因而,学术界的专家、学者们常常通过关键词来评判文章的研究角度、创新性、逻辑框架和结构等内容。通常一篇毕业论文的关键词具有以下四个特征。

(1)关键词的内容是表达论文主题的、在文中最重要的、最关键的、重复率最高的词或词组。一般情况下,一篇毕业论文要求3~6个关键词。

(2)通常情况下,人文社会科学领域毕业论文的关键词是一些名词或名词性词组及短语。关键词的宗旨就是要彰显毕业论文研究的客观性、逻辑性和创新性,而名词或名词性的词组、短语能较好地满足这些标准。因而,读者很少在关键词中看到形容词、副词、动词、代词、介词等词性的关键词。

(3)关键词和毕业论文的标题、目录高度相关。论文中的词汇浩如烟海,作者要对论文的标题、目录进行认真梳理,以提炼出毕业论文中核心的3~6个高频词汇作为关键词。

(4)关键词与摘要形成非常密切的配合关系。摘要比关键词更详细,但关键词比摘要更凝练,两者默契配合,各有功用。

二、关键词的位置和功能

寥寥数字的关键词在位置上通常位于摘要之后,与摘要一起发挥论文核心信息的传达功能,这一点与摘要相似。关键词可以是文章反复出现的高频词汇。规范的毕业论文写作,在摘要和关键词上通常要求中英文两种语言。

更进一步说,关键词是为了适应计算机检索的需要而提出来的,是文章检索的标识。由于关键词文字更少,读者抓取核心信息时比读摘要还要节省时间。

虽然关键词的总字符数一般在 20 字左右，但却可以实实在在地帮助读者迅速确立研究的边界和了解论文研究的热度。

三、关键词写作的注意事项及示例

关键词的提炼是检验作者论文写作技能的环节。关键词从论文的题目、摘要、大小标题和正文的重要段落中抽取出来，按照在文中出现的顺序编排起来，中间用逗号或分号隔开。有的作者认为毕业论文的关键词就是题目中重点概念的简单重复，其实不然。毕业论文关键词的写作也有一定要求和技巧。

关键词写作的注意事项如下。

（1）关键词不是对论文标题核心词语的简单重复。有的作者会把标题的核心词直接作为关键词，结果导致读者对论文产生不好的印象，而且论文的检索和阅读频率也会降低。

（2）认真归纳出论文中高频出现的 3～6 个实词。这 3～6 个实词紧紧围绕研究问题，主要用来强调论文的研究特色和重点，具体指向论文中涉及的核心概念、基本理论、研究设计、研究方法等。作者在归纳关键词的过程中不能太粗糙，只推出 1～2 个关键词，这样读者对文章的核心信息抓不住。同样，关键词也不能超过 6 个，超过 6 个就显得文章的重点过于分散。

（3）关键词通常是文章核心概念、基础理论、研究视角、研究方法、创新点等的概括。仔细观察会发现，关键词会高频出现在论文的目录、核心概念、基础理论、研究设计、研究论证部分，两者形成一定的呼应关系。

（4）在标准化的论文写作中，关键词也有中文和英文两种形式。

我们来看如下示例。

题目：寻找中国发展模式的公共行政学视角：基于地方发展型政府的述论

关键词：中国发展模式；公共行政学；发展型国家；地方发展型政府；职能履行

［丁照攀、孔繁斌:《寻找中国发展模式的公共行政学视角：基于地方发展型政府的述论》，载《中南大学学报（社会科学版）》2022年第28卷第3期第177-187页。］

此论文的标题与关键词并不是完全一样。论文关键词的写作不能偷懒，切忌直接把论文标题中的核心词语全部放到关键词的位置。总之，关键词怎样选择才能最大限度地发挥作用需要写作者认真思考。

第三节　结语的结构要素与写作

毕业论文要遵循严谨的论述逻辑，结语也有其规范的结构要素。通常意义上，结语是一篇文章的收口部分，是论文核心观点的最后一次呈现。常言道：编筐编篓全在收口。一篇没有优质结语的论文就是事倍功半，到最后成了无病呻吟的文字堆砌。一段糟糕的结语带来的后果自然是耗费了学术资源和热情。所以，结语作为毕业论文的关键部分，文字虽少，却价值千金，具有画龙点睛之功效。

一、结语的结构要素

结语是论文正文的有机组成部分，具体位置在论文正文内容的最后。结语与前面两节提到的摘要和关键词相比较，涉及的内容更丰富。该部分的写作内容按写作顺序来看，包括以下四个方面：①结论，本项研究结果说明了什么问题；②创新点，对前人有关的看法作了哪些修正、补充、发展、证实或否定；③研究缺陷或不足，本项研究的不足之处或遗留未予解决的问题，以及对解决这些问题有帮助的可能的关键点和方向；④研究展望，提出未来的研究可以从哪些具体方向展开。

写作内容的丰富性决定了写作细节的多元化。在具体写作过程中，作者一定要注意这四项内容之间的先后顺序和逻辑性。也就是，先说什么、后说什么，一定要层次清楚。

（一）结论

一篇论文切忌没有结论。结论应是整篇论文的结局、整篇论文的归宿，而不是某一局部问题或某一分支问题的结论，也不是正文中各段小结的简单重复。结论应当体现作者更深层的认识，且是从全篇论文的全部材料出发，经过推理、判断、归纳等逻辑分析过程而得到的新的学术总观念、总见解。结论的功能就是用于总结论文的研究结果和观点。一篇论文要有明晰的结论才能正式体现作者的研究贡献和价值。没有结论的研究就是浪费学术资源和做无用功。结论就是把学术研究的成果总结后展示出来，是整个论文的精华部分，因而"结论"应是毕业论文最终的、总体的结论。

结论可采用"结论"等字样，精练、准确地阐述自己的创造性工作或新的见解及其意义和作用，还可提出需要进一步讨论的问题和建议。结论应该准确、完整、明确、精练，使读者看后就能全面了解论文的意义与观点。

有的读者会根据文章的题目、摘要及结论来判断文章的可读性和价值。这样带着问题和目的的阅读才能更高效地发掘有效信息。

（二）创新点

论文的创新性是论文开展研究的价值依据和立足点。创新涉及一个"灵魂拷问"——关于某一研究领域的成果很多，你写的这些东西，之前别人也这么写，那么你的新意在哪里？无论是毕业论文还是期刊论文，都特别强调创新点。在毕业论文的写作过程中，创新点是对论文创新工作的一种归纳和总结。这部分内容用以表达该项研究在学科领域内的创造性贡献。具体而言，创新点是指作者对学术界有关的问题、观点、方法、材料、理论等作了哪些修正、补充、发展、验证或否定。通常而言，毕业论文既是莘莘学子的专业合格证明，也是优秀学子开启学术研究事业的敲门砖。当毕业生们构思创作一篇论文时，出发点就是思考该论文的研究意义和价值，本质上就是思考论文对既有研究有何贡献，以及随着时间的推移，这篇论文将对其所属领域能产生何种影响。创新是毕业论文学术价值的追求和体现，但在写作过程中，创新点是一个比较模糊的概念。创新点首先是作者学术能力得以彰显的标志，同时也是作者学术勇气与运气的有机结合。通常情况下，作者可以在结语中重点体现以下几种创新。

（1）研究问题的创新。这种创新是指，论文本身提出了一个非常有意义且令人意想不到的问题，并且该问题成为论文的主要研究对象。这类创新需要作者具有莫大的勇气。

（2）研究手段与研究方法的创新。这种创新侧重于用新的方法、手段、技术来展开既有研究。随着科技的迅猛发展，数学工具、统计方法、计算机模拟技术等新方法、新技术的应用引起了研究过程与结果的变化。具体而言，新手段与方法可能优化研究过程，也可能降低研究成本，还可能实现社会的全面推广运用。

（3）研究思路与研究概念、理论的创新。概念、理论与思路的创新属于本质意义的创新，其特征是使一个过去无法解决的问题得以解决，或者是简化了解决问题的途径，或者是针对同类问题产生了新的发现等。

（4）创造了新作品或新产品。毕业论文中某一个小形式的创新都是对学术研究的推进，同时也会让我们的毕业论文显得不落俗套，为学术研究添砖加瓦、为社会进步建言献策。不积跬步无以至千里，无数点滴的智慧最终汇聚成强大的创新浪潮。

创新是很难的，作者在提炼创新点时，既要认真梳理论文所提炼出来的新颖之处，也要强调论文研究的特殊价值和意义。与此同时，要注意论文创新点提炼的规范性，切忌胡乱搪塞、张冠李戴。创新点太少显得研究俗套、工作量不饱满；创新点太多，又显得研究不切实际。还需要引起重视的问题是，研究对象、研究单位等的独特性不能作为论文的创新点。

（三）研究不足及对未来研究的展望

研究不足及对未来研究的展望在文章中有时也被叫作"讨论与余论"，是在结论的基础上展开的，其承担的是讨论和展望功能。这部分内容的功能是帮助作者全面思考文章的合理性、逻辑性和局限性，以正确定位文章的研究局限并启发未来研究的多种可能性。

（1）研究不足。一篇论文洋洋洒洒上万字符，但也只能呈现对某一领域的某一问题的研究状况。任何研究都不可能解决所有预期问题。毕竟受限于既有的研究环境与研究条件，一篇文章不可能完美无瑕。很多论文都是围绕一个核心问题或一个问题的某个方面展开系统而深刻的分析研究。

论文的研究被学术界定义为"深刻的偏见",因而必然存在研究的不足之处。

关于论文研究的不足之处或遗留未予解决的问题,以及对解决这些问题的可能的关键点和方向,作者也应该在毕业论文结语的最后部分交代清楚。关于研究不足的分析一定要有主次,切忌面面俱到、处处不深入、关联性和相关性弱。这项工作的价值在于:一方面体现了作者严谨谦虚的学术态度,另一方面也会吸引优秀的研究者填补学术空白。

(2)研究展望。研究展望其实就是为进一步的学术研究指明方向,具体涉及:未来可开展工作的可能性;未来工作的意义;开展未来工作的大致思路,需要拥有什么样的条件才能开展未来工作;未来工作是自己将要开展还是建议别人开展。毕业论文是每个学子本科、研究生阶段专业性的学业成果,也是凝结各阶段系统学习专业知识的智慧结晶。

当写作者系统掌握了结语写作的结构要素后,才能正确打开结语的写作思路和技巧。

二、结语写作的注意事项及技巧

结语是论文研究价值的简洁展示和体现,结合以上关于结语构成要素的分析,同学们在写结语的时候要注意以下事项。

(1)结论部分表达论文的主要观点应言简意赅,语言表达不要过于复杂烦琐。

(2)注意完整表达结语的四个组成要素。关于结论、创新点、研究不足、研究展望这些内容,先说什么,后说什么,层次一定要分明,逻辑顺序一定要清楚。

(3)在没有深入讨论之前,不要重复论文前面的分析结果。同时,客观展示论文研究的不足及未来进一步研究的可能性和机会。

（4）整个结语部分的论述要和前面的论证呼应，形成逻辑上的自洽。结语不能脱离前文的论证，以免形成"两张皮"式的阐释。

（5）结语的表述既不能字数太少，也不能啰哩啰唆。

综合而言，高品质的结语写作具有升华毕业论文价值的作用。

三、毕业论文结语写作示例

示例是我们掌握写作技巧的最好的参照模板。下面，我们来看一个反面示例，从而理解什么是好的结语。

第三章　结论与展望

易地搬迁安置社区的治理问题是我们巩固扶贫成果，实现乡村振兴的重点。脱贫攻坚战已经胜利，但是长征永远在路上。社区治理的优化，能够提高群众的幸福感、满意感和安全感。虽然在社区管理上我们已经有了很好的经验和方法，但是在管理的过程中肯定会有漏洞和不足，需要我们政府社区和群众一起去解决问题，共同建设美好社区（研究意义和价值）。本文以黔南州易地搬迁安置社区为例，通过对罗甸县"3+3"网格化管理模式、龙里县"四级"模式、三都县"1+1"模式几个网格化管理模式进行分析，它们在易地搬迁安置社区的管理中取得自己的管理特点（阐释性结论），比如：社区管理突出党组织对社区管理的领导作用，巩固了党在领导中的地位；社区管理既有网格的自治，又引入多种管理主体丰富我们社区的管理，形成网格管理自治和多元管理主体并存的特点，提高社区管理水平和能力；在安置社区管理中，社区突出促进了居民与新的生活环境的融合，使搬迁离开故土的居民增加乡土之情，在搬迁安置社区中有归属感；同时，为了社区管理的稳定，还通过增加就业的方式，为居民培训、招商引资提供岗位，促进社区的稳定；在安置社区网格化的优化建设过程中，几种安置社区还优化了社区管理的服务机制，为社区管理完善管理的手段和能力（论文研究的主要内容）。它们在网格化管理中的管理优势特点可以为其他此类社区管理提供参考（研究特色和创新点）。同时经过总结，这几个模式在实行管理的过程中还存在一些问题，在网格化管理队伍建设上，一方面，社区干部缺乏在基层工作经验，管理效率会有所下降。另一方面，老干部不适应新的管理方法。在网格化管理服务有空缺上，建设与投入相差太大，存在基础服务设施有空缺的问题。在居民参与中，我们的居民群众大部分还走不出以前那种传统的管理方式，并不会主动去了解我们的社区管理，主动管理社区的意识还是很低，赶不上现在社区网格化管理的要求，缺少积极性。在三都县"1+1"模式中，这种1对1的对点管理机制，在解决事件的过程中，容易形成了互相推诿的情况。相信在以后的管理工作中，黔南州会逐步完善其网格化管理模式，提高对易地搬迁安置社区的管理水平（黔南州易地安置社区管理模式的现有缺陷）。

我国对于网格化管理模式的研究已经很成熟，但是在管理模式运行的过程中还存在遗漏。随着我国治理理念与社区治理能力的不断发展，网格化管理模式在社区治理中也会更加优化。由于我学术造诣不深，在看待问题的角度上会存在偏差，看问题也不够透彻，在研究的过程中可能会对核心概念解释不清，在此研究中对几个管理模式存在的问题、原因以及提出的建议等分析不透彻。（论文的研究不足之处）希望日后能够有更多深入的研究（研究展望）。

（摘自《贵州易地搬迁社区网格化治理模式研究———以黔南州为例》，贵州大学公共管理学院城市管理专业2018级本科生毕业论文。）

本示例的结语写作存在很多不足，如语言不够精练、结论和创新点不够清晰、研究展望内容太单薄等，但通过反面示例可以达到"照镜子"效果，写作者可以结合自身的写作状况进行调整和提升。

即使是作为毕业论文的修饰部分，摘要、关键词和结语的高水平写作也能起到锦上添花的作用。毕竟，好的摘要、关键词和结语才能引起读者对论文的阅读兴趣和好奇心。而且，一篇论文的重点信息，会高频出现在摘要、关键词和结论部分。基于以上理由，作者在完成论文的主体工程之后，要在摘要、关键词、结语这三个方面认真地打磨，从而创作出一篇优质的毕业论文。

本章要点

* 摘要是关于毕业论文内容的凝练和总结，具体而言指的是从论文内容中摘录出来的不加注释和评论的简短阐述。

* 毕业论文的关键词（Key words）也被称为"主题词"，是作者从论文的题名、层次标题、摘要和正文中提炼出来的，能反映论文主题概念的词和词组。

* 结语是论文正文的有机组成部分，具体位置是论文正文内容的最后。

---- 课后实践 ----

＊阅读一篇毕业论文，分析其摘要写作的要素与特点。

＊阅读一篇毕业论文，尝试提炼关键词并与原文关键词进行比较分析。

＊阅读一篇毕业论文，分析其结语写作的方法与要素。

第八章 毕业论文的其他相关问题

启发式问题

1. 毕业论文写作的格式标准有哪些?
2. 毕业论文写作过程中的语言表达要注意哪些问题?
3. 毕业论文的学术规范包括哪些内容?
4. 如何为毕业论文答辩做好充分准备?

一篇毕业论文除了能反映作者的综合分析能力,还能检验作者的语言表达能力及完成学业所需的坚忍、毅力等优良品质。与期刊学术论文比较而言,毕业论文要求毕业生在写作中精益求精地展示科研训练的全过程。根据这一原则,它必须尽可能详细和完整,即使是那些相关但不是最重要的部分,也应该写得清楚明白。毕竟,毕业论文作为学生完成学科学术训练的压轴部分，特别强调论文写作的形式要件，即论文的格式、论文的语言表达、论文的学术规范。而这些形式要件会从不同的侧面反映毕业论文的专业化水平及研究层次。本章内容涉及的正是这些论文写作的隐性知识与技巧。

第一节　毕业论文的格式及语言表达

　　毕业论文写作的缘起是从兴趣开始，但最终要以书面语言表述的形式呈现出来。论文的写作格式与表达语言对论文的最终品质有着非常重大的影响，怎么强调两者的重要性都不为过。

　　从读者角度来看，在各类毕业论文中，有的易读，能迅速掌握文章的核心观点，这是因为作者考虑到普通人阅读和思考的特点。而有的论文，读起来味同嚼蜡，很辛苦，原因就是作者文字功底不扎实，导致论证语言含糊不清、逻辑混乱。因而，整个论文写作的过程还应融入作者严谨认真的学术态度和语言写作技巧。

　　从作者的角度来看，毕业论文是检验受教育对象所接受教育是否达标的一块试金石。一篇合格的毕业论文不仅要求在内容上言之有物，还要求在写作格式及语言表达上符合学术论文的写作规范。近年来，毕业论文写作中的格式问题、语言表达问题越来越受到高等院校的重视。

一、论文格式的概念及功能

（一）论文格式的概念

论文的格式主要指学术界关于论文文字及内容的一整套写作规范体系。论文格式通常包括文字排版规范及内容规范。文字排版规范是指文字和标点符号的规范；内容规范是指摘要、关键词、目录、正文、参考文献、附录、致谢的规范。每个高校对毕业论文的写作格式有非常严格的具体规定。毕业论文在格式上的要求具体到图表、字体字号、参考文献等的规范排版，这些都是细节问题。

（二）论文格式的功能

在毕业论文中对格式进行严格规定，主要出于三方面的考虑：一是引导学生用专业知识系统、准确地传达论文的观点与信息；二是使论文看起来学术化，从而体现论文的形式美；三是提高论文的阅读效率，格式规范的论文，读者读起来会感觉轻松一些。

二、论文的文字排版规范

论文的格式功能是通过严格规范的排版来实现的，所有论文都要符合排版要求。因此，写作者在论文排版过程中要熟悉 WPS 或 Word 软件的运用，掌握一般的排版技巧。排版技巧包括：页眉页脚设置、封面设置、标题设置、正文设置、图表图片公式设置、参考文献的设置及插入、目录生成、转换成 PDF 等。同学们可以查阅一下相关书籍了解具体的细节，本书不做重点阐述。

三、论文的具体格式标准

格式标准强调的是论文规范的写作结构和形式。结合毕业论文排版格式的常规标准，毕业论文在以下方面都符合格式要求，就是一篇写作形式合格的论文。

（一）关于封面与版权、目录的格式规定

（1）关于封面的格式要求。封面是一篇论文的门面，所以要做到排版规范、字体简洁明了。封面应该写明"毕业论文"，字体字号为宋体二号。名称下面依次是论文题目、作者、院系、专业、学号、班级、指导老师，字体字号为宋体小二号，格式居中对齐，有下划线。在论文封面中，题目应简洁、明确、有概括性，字数不宜超过20个字（不同院校可能要求不同）。本科、专科毕业论文一般无须单独的题目页，硕士、博士毕业论文一般需要单独的题目页，展示院校、指导教师、答辩时间等信息。英文部分一般需要使用 Times New Roman 字体。

（2）关于版权声明。每篇毕业论文都要求附上版权声明。一般而言，硕士与博士研究生毕业论文均需在正文前附版权声明，独立成页。个别本科毕业论文也有此项。字体字号为宋体四号字。

（3）关于目录的格式要求。首先，插入目录，生成页码。具体包括正文一级和二级标题（根据实际情况，也可以标注更低级标题）、参考文献、附录、致谢等。其次，"目录"两字用宋体三号加粗字体，居中排版。目录中的一级和二级标题用宋体小四号字体，不需要加粗，一般可用排版软件自动生成。

（二）关于摘要与关键词的格式规定

摘要与关键词是一篇论文的"门面"，因而每个高校关于摘要和关键词的格式要求都非常严格。

（1）摘要：要有高度的概括力，语言精练、明确，中文摘要100~200字（不同院校可能要求不同）。"摘要"二字字体为宋体三号，加粗。摘要正文为宋体小四号字体。

（2）关键词：从论文标题或正文中挑选3~5个（不同院校可能要求不同）最能表达主要内容的名词作为关键词。关键词之间需要用分号或逗号分开。"关键词"三字为宋体小四号加粗字体，顶格排，关键词为宋体小四号不加粗字体。

（三）关于论文主体内容的格式规范

符合逻辑的研究设计与专业的论证语言经过规范的格式就能打造出一篇优质的毕业论文。通常，本科以下毕业论文正文字数在5000字以上，本科毕业论文要求1.5万字左右，硕士毕业论文要求达到5万字，博士毕业论文要10万~20万字。

（1）所有毕业论文的正文都包括前言、本论、结论三个部分。前言（引言）是论文的开头部分，主要说明论文写作的目的、现实意义、对所研究问题的认识，并提出论文的中心论点等。前言要写得简明扼要，篇幅不要太长。本论是毕业论文的主体，包括研究内容与方法、实验材料、实验结果与分析（讨论）等。在本论部分要运用各方面的研究方法和实验结果，分析问题、论证观点，尽量反映出自己的科研能力和学术水平。结论是毕业论文的收尾部分，是围绕本论所作的结束语。其基本的要点就是总结全文，加深题意。

（2）关于各级标题与正文字体字号的规范。一级标题用宋体三号字，空两个字符，加粗。二级标题用宋体四号字，空两个字符，加粗。三级、四级标题用宋体小四号，空两个字符，加粗。正文用宋体小四号，行间距采用 1.5 倍行距。

（3）关于正文中图表的标识规范。正文中图、表均需编排序号，图、表标题及内容说明用宋体五号字体。

（4）注释的格式。注释是对论文中的重要概念进行的基础性或权威性解释，以便帮助读者更好地理解论文的理论源流和论证过程。注释通常出现在论文正文的各个重要组成部分，以其独特的形式和价值为论文提供强有力的论证效果。注释是独特的，既能不冲淡论文的研究问题，又能对相关概念和理论作必要的说明和补充阐释。在论文写作过程中有些问题、概念需要作者单独在正文之外加以详细阐述和说明，就以注释的形式出现在论文里。注释的格式要求非常严格。通常要求注释标题用宋体四号，居中排版，注释序号用①、②、③等，内容用宋体五号。注释内容是图书时，格式要求包括作者、书名、出版社、出版日期、版次、页码。

（四）关于参考文献的格式

参考文献的格式和上面提及的注释有关联性，但又有显著的不同。通常毕业论文的参考文献会统一罗列在毕业论文的正文之后。

作者选择参考文献的时候要注意一些技巧。具体而言，参考文献在毕业论文末尾要列出在论文中参考过的、影响力大的所有专著、论文及其他资料，所列参考文献可以按文中参考或引证的先后顺序排列，也可以按照音序排列。

中文参考文献用宋体、五号，英文参考文献用 Times New Roman 字体。例如：

（1）专著、论文集、报告、学位论文：

【序号】作者（只列出前3名，其余用"等"），文献名，出版社所在地：出版社、出版年、起始页－终止页.

（2）期刊论文：

【序号】作者（前3名），论文名，刊名，出版年，卷（期）：起始页－终止页.

（3）电子文献：

【序号】作者（前3名），电子文献名，电子文献出处或可获得地址，发表或更新日期.

（五）关于致谢的格式

致谢是作者最真实的情感表达。致谢对象包括：国家科学基金、资助研究工作的基金、合同单位、资助和支持的企业或组织或个人；协助完成研究工作和提供便利条件的组织或个人；在研究工作中提出建议和提供帮助的人；给予转载和引用权的资料、图片、文献、研究思想和设想的所有者；其他应感谢的组织和人。一般情况下，"致谢"二字用宋体三号加粗字体，居中排。致谢正文用宋体四号，不加粗。

很多情真意切、感人至深的致谢文字已经成为毕业论文中表达情怀、感谢师恩的一道亮丽风景线。

（六）关于附录的格式

附录的价值和意义非常重要，但又经常被作者忽视。正如著名学者马库斯·贝克所言，"作者可以把他们想要的任何材料都放在附录中"。对于一些不宜放入正文中但又是毕业论文不可缺少的部分，或有重要参考价值的内容，可编入毕业论文附录中，如问卷调查数据、图表及其说明等。写作附录时，不能把附录作为次要的或多余的内容，而应与正文内容达到相同的学术和写作水平，且与正文之间形成逻辑对应。

论文的格式是学术界经过长期的发展形成的写作原则和规范，既有利于作者学术观点的展示，也有利于读者的阅读体验。毕业生在进行毕业论文写作的过程中，无论使用哪种写作软件，一定要高度重视排版和书写格式技能的培养和提高。

四、论文的语言表达

（一）论文语言表达的概念和目标

1. 概念

语言表达是逻辑思考和研究设计的载体。任何形式的论文写作活动都是一个从头到尾的语言表达过程，即陈述与阐释的过程。作者陈述得不好，论文就没有新意，没有"讲好故事"；作者阐释得好，论文就有特色、有创新。在论文的写作过程中，语言表达就是把论证的观点通过文字、图表等形式展示出来。从文体角度而言，毕业论文是对某一专业领域的现实问题或理论问题进行科学研究探索的具有一定意义的论文。如果说研究设计、逻辑框架等是论文的基础，那么书面的论述语言就是其呈现形式。也就是说，论文的论述语言是为研究目标服务的。好的论述语言，能让文章观点得以"有效包装"、清晰呈现；反之，笔墨不通的文字表达，会让一个好的研究问题无法得到有效展示。很多同学做论文的第一道难关就是论文的语言表达。一篇高质量的毕业论文在行文上是流畅的，没有错别字与语法错误，也没有口语化的表达或过于情绪化的表达；读者在阅读论文时感受到的是作者在字里行间自然流露出的严谨与细致态度。从语言表述的角度来看，毕业论文就是"讲个小故事，说个新道理"。因而，能运用娴熟的语言清晰地表达出研究问题的逻辑体系和核心观点就是每一篇毕业论文的奋斗目标。

2. 语言表达的目标

语言表达是论文研究的工具和载体。毕业论文作为学术科研的智慧结晶，有很多专业的概念和理论，其语言表达与普通文学作品完全是两种风格。毕业论文的语言表达，要达到两个标准，即"言之有据、言之有序"。

言之有据。言之有据强调论述的真实性，指在研究论证过程中有根据、有依据。为此，在引言及论文的每一个论证环节中既需要能看出问题的背景、研究现状，也要有严谨的论证结构和逻辑，让问题有依据、研究发现有证据、研究结论有结果来支撑。在言之有据方面偷懒，就会表现为妄图用极少的语言和工作量来完成论文的论证任务，后果肯定是严重的。

言之有序。言之有序强调表达的逻辑性，具体指的就是无论是静态内容还是动态内容，都得按照某种顺序阐述。静态内容涉及论文的宏观结构，动态内容涉及内部逻辑。同样的语言但顺序不同，论证效果也会有很大差异。通常，论文包含问题或背景、动机或目标、方法、结果和结论五大元素。需要按某种顺序呈现这些元素，这是学术界长期达成的共识或范式。在由共识主导的范式下，一篇标准的研究论文按顺序是标题、作者信息、摘要、引言、核心部分、结论、致谢和参考文献。核心部分，或者按顺序交代方法、结果和讨论，或者按其他逻辑交代方法、结果和讨论。

好的文章都是在不断的修改和完善中实现以上目标。论文初稿写作完成后就进入了修改完善的环节。除了逻辑框架与研究设计的重大变动，普通的修改侧重的就是论文的格式与语言表达。这是一个字斟句酌、精益求精的过程，也是不断提升论文语言表达技能的过程。

（二）论文写作语言的一般标准

论文是学术研究的主要表达形式。所有的论文都要求注意语言表达问题。

无论哪种写作，都需要对语言艺术驾轻就熟。唐代著名诗人贾岛曾作诗"两句三年得，一吟双泪流"，宋代诗人王安石也曾经纠结于"春风又绿江南岸"与"春风又复江南岸"。毕业论文的写作也有严格的语言表达要求。

论文写作要求语言表达体现客观性、真实性，应少用主观性的词汇，多用客观性的词汇。在研究过程中，作者不能被研究对象牵着鼻子走，而是要对研究对象的话语进行客观的鉴定和判断，从而消除研究过程中的主观色彩。例如，论文中尽量不出现"我们认为"等语言表述形式。

论文写作要求语言表达学术化，尤其核心概念和基本理论的表达要尽量采用学术用语。核心概念和基础理论相当于毕业论文的细胞和骨骼，对整个文章起支撑作用。关于这方面的语言表达，一定要谨慎使用新概念，同时尽量避免文中出现一些冷僻概念和陈旧术语。无论是理论研究还是实证研究，作者通过对中观层面的概念、理论基础、研究论证的逻辑梳理及微观层面字、词、句的正确运用，最终推理出明确的结论。

段落、章节这种中观、宏观层次的表达应该通过各种连接词实现自然过渡。对毕业生而言，不断完善的初稿、修改稿经过一次次地修改、打磨，实现了论文语言的逻辑严谨、环环相扣，最后形成一篇论述严密的毕业论文。

论文不能为了凑字数，把无关紧要的案例、表格、图表全列上，这样做的后果就是敷衍塞责，让论文降格为一篇"注水"文章。

(三)毕业论文语言表达的具体要求

毕业论文是学术论文的一种类型,和期刊论文等其他类型的论文相比较,它更强调文章在语言写作方面的"中规中矩"。

毕业论文作为大学生、研究生学术训练、学术成长过程中的阶段性成果,主要目标是达到毕业的要求。在语言上,论文语言的标准和要求集中体现在语言表达的准确性、简洁性与学术性三个方面,即需要用学术性的规范用语,将研究内容清晰地进行表达。从文字表达功能的角度来看,字、词、句、段、章构筑起了毕业论文的血肉之躯、论证之魂。

毕业论文是写给学界同人看的,不是用来自我欣赏的。《写作是门手艺》一书用一章重点介绍论文的语言表达。作者刘军强特别强调论文表达要达到透明玻璃的效果,即读者能清楚明了地读懂作者的意思。

在论文写作过程中,要特别注意语言与论证过程的有机统一。以下七个方面是毕业论文语言表达的具体要求。

(1)标题、摘要、关键词的语言表达。此三者在语言上要体现简洁凝练原则,让内外行都能看明白。标题、摘要、关键词是论文的"面子",作者在提炼的时候要特别注意语言的简洁性和逻辑性。

(2)引文的语言表达。文中的引语一定要和所论证的内容高度相关。作者为了使论文显得高大上,会在引语上犯一些错误。例如,随意地不加鉴别地引用,违背作者原意引用,引用的引语未明确进行标注,等等。为了避免引用引语过程中的错误,要尽量做到:引语必须扼要精确,切忌为了凑字数而大段引用;引语在表述形式上应该前后加上引号,以示他人之言与己言的区别;引语结束时,一般不加标点,在引号之外加上行文所需用的标点。

(3)论文正文的语言表达。正文写作工程浩大,应多使用容易理解的短句而非长句，同时在语言表达方面要体现一定的逻辑性。遵循一定的逻辑是学术研究本身要求的。爱因斯坦说过，形式逻辑和实证主义导致西方发展出了现代科学。常见的逻辑有归纳、演绎和反演。例如，通过归纳得出相关性，或者归纳出某个一般性原理，通过演绎或反演找出因果关系等。文章整体上要有明确的观点，同时文章的每一个部分也要有观点。这样的语言表达可以让读者轻松地掌握论文的研究观点和研究逻辑。

（4）表格与图片的文字表达。论文的论述语言是非常丰富的，除了纯粹的文字、图表之外，还有公式、逻辑思维导图等。表格与图表作为一种形象、生动、简洁明快的论证方式，在论文写作过程中经常采用。通常情况下，图表内容是整篇论文的重要部分。因为用图表进行论证比用纯粹的文字阐释更直观。在众多实证研究和定量研究的论文中，图表的使用非常普遍。当作者把图表当作重要的论证媒介时，要特别注意它们的标识规范。例如，按顺序标注所有表和图。

（5）参考文献的语言表达。一定要严谨，技术含量不高，但要注意完善细节。

（6）附录的语言表达。一定要起到对正文的辅助作用，语言流畅。

（7）致谢的表达。在毕业论文中最有感情色彩的就是致谢。致谢部分与正文严谨的论证语言形成鲜明对比。

论文的格式与语言表达需要作者从动笔之初到后期修改的过程保持精益求精的写作原则。总之，作为影响论文质量的形式要件，论文的格式与语言表达问题需要作者在写作的全过程中高度重视。

概括而言，毕业论文的写作就是让作者构建一套严肃、规范、专业的学术话语体系。常言道"宝剑锋从磨砺出"，这个训练必然是一个艰辛而漫长的过程。

五、提升毕业论文语言表达的方法与技巧

常言道"读写不分家"。平时就要"未雨绸缪",多阅读优秀的期刊论文和毕业论文,有意识地搜集、整理一些学术资料,如此才能在论文写作时对论文语言有较高的接受度和灵敏度。

重视每一个段落的写作。段落是论文中句子与章节的有效连接。如果构成文章的每一个段落都是语言连贯且逻辑严谨的,那整篇文章的质量就有保障。具体而言,好的段落写作也有其写作套路。第一,每一个好的段落最好从一个中心点展开,而且这个中心点将成为段落中其他句子的支撑点,通常我们称其为"主题句"。第二,每一段只分析一个小主题,段落字符数不宜过长。第三,熟练运用句子之间的连接词,实现句子关系自然的起承转合。第四,对每一段的主要观点进行总结,每段的最后一句应是一个结论性的句子。第五,灵活使用段落之间的衔接词语。

论文写作是一个耗费脑力的宏大工程,需要思维持续地活跃和专注于研究对象。因此,作者在写作时要尽量排除干扰因素,安排一段完整的时间在安静的环境中集中精力一气呵成。对于篇幅较长的论文,也要部分一气呵成,中途不要停顿,这样写作效果较好。

论文写作不可能一步到位,好文章的前提是作者有不断修改论文的习惯。写论文要用修改来带动论文质量的提高,每精修一次的稿子都会比前稿更好。

除了以上方法和技巧,毕业论文还有很多在语言表达上要重视的因素。综合而言,毕业论文属于专业性极强的小众文章,作者一定要按照毕业论文的专业属性、研究领域、阅读对象的特征、学校制定的论文写作指南来综合选择恰当的语言表述风格。

六、毕业论文语言表达的示例

（1）谨慎使用"……与……的本质差别在于""……的本质特征是"及类似的话语。

理由：在学术写作的过程中，了解事物的本质是一个理性认识的过程，作者的判断或结论需要深入地分析与探究，不是轻飘飘的几句话就可以随意概括。因此，没有经过仔细的思考和洞察，不要轻易给"本质"下结论。

（2）少用或不用"正确/深刻/一针见血地指出"等带有明显主观价值判断的词语。

理由：带有较强的主观价值判断，有夸张的成分。科学研究特别强调客观真实性，因此除非有确凿的证据显示其符合事实，否则凭什么说某个人的说法就是"正确"的？尤其在毕业论文中"深刻地指出"后引用的观点如果十分平庸会让作者比较尴尬。

（3）不用"毋庸置疑""显而易见""众所周知""不言而喻"等口水话。

理由：毕业论文是学术论文，使用的语言要求尽量学术化、专业化。在没有经过论证之前，没有什么研究结果是显而易见或不言而喻的，因而不能把话说得太满。

（4）谨慎使用形容词。

理由：形容词多多少少具有修饰的成分，在毕业论文的写作过程中切忌夸大其词。例如，"柏拉图是举世公认的思想巨人"，不如说"柏拉图是公认的思想巨人"来得自然。再如，"在这个领域，某某做出了巨大的贡献"，换成"在这个领域，某某做出了贡献"会更客观。

综合而言，毕业论文语言表达能力的提升需要写作者不断地动手练习，并且要长期坚持下去。

第二节 毕业论文的学术规范

掌握论文写作的学术规范对于很多学者和专业人员来说，都不是一件容易的事情，对大学生而言就更是一项艰巨的任务了。无论写作哪种类型的学术文章，都要严格遵守学术规范。随着中国教育的迅猛发展，教育行政部门对毕业论文的审查越来越严格。无论我们的学生将来是否以学术为业，社会和学校都希望通过严格的毕业论文写作训练，使他们在做人做事上都有所提高。哪怕这些学术训练对他们未来的职业生涯没有直接帮助，但至少使他们待人接物的方式和态度比之前有所进步。

一、学术规范的定义和特征

所谓学术规范是指在学术共同体内形成的开展论文写作和科学研究活动的基本准则。它作为学术活动的规则体系，既包括依据学术发展规律制定的学术活动规范，也包括学术共同体约定俗成的准则。广义的学术规范包括学术研究规范、学术评审规范、学术批评规范、学术管理规范。

学术规范的特点是约束性、体系性、当代性。从约束性的角度而言，学术规范就是为了规范学术活动、提升知识创造的效率。从体系性的角度来看，学术规范是在学术活动长期发展的过程中形成的规则体系。随着学术活动的日益蓬勃发展，学术规范越来越规模化、体系化、制度化。而当代性体现的是学术规范的时代特征。在知识传播和流通极其迅速的时代里，学术活动的规模和社会价值越来越大，学术规范的存在也就彰显了前所未有的价值。

学者葛剑雄在《问题意识、创新精神、学术规范——学术写作的基础》中强调，学术写作的基本要求就是实现问题意识、创新精神和学术规范三个要素的融合。❶毕业论文的学术规范属于学术研究规范的范畴，是一个从抽象到具体的规范体系。它指论文写作过程中作者应遵循的具体写作规则和学术伦理。更进一步说，它既包括抽象层面的学术制度规范、学风规范，也包括具体层面的文献使用规则、注释的标注规则、阐释的逻辑规则等。

二、毕业论文学术规范的功能

规则意识是人类社会活动稳步开展的保障。进一步来说，学术规范就是规则意识在学术活动中的体现。通常意义上，学术规范是学术从业者在学术活动中严格遵守的学术伦理道德及规章体系。而毕业论文学术规范的制定就是为了让毕业论文的写作活动符合学术道德规范。

（1）规范毕业生对毕业论文写作的态度，为学术人生树立规则意识。在学术规范的指导下，毕业论文的写作成为一个非常严肃的学术活动。从短期和一时的效果来看，学术规范可以规约作者的学术写作活动，从而让论文写作更加严谨。

（2）相关机构可以依据学术规范对违规的作者进行惩戒。学术界和社会力量可以通过学术规范对学术造假者尤其是毕业论文造假者、剽窃者进行严肃处理，让学术不端行为无可藏匿。

---

❶ 葛剑雄.意识写作：怎样进行学术表达[M].上海：上海人民出版社，2020：1.

三、毕业论文学术规范的具体内容

毕业论文的具体学术规范和论文的格式有较大的关联性。与期刊论文一样，毕业论文也属于研究导向的文章，它们既有共同的学术规范和原则，也存在一些差异。

（一）毕业论文抽象层次的学术规范

抽象层次的学术规范涉及学术的伦理和道德层面，是学术规范的元规则。其具体内容是指论文写作中遵循的基本原则、伦理和规范。

（1）遵守学术研究活动中的科学精神。学术论文写作的核心动力是科学精神，而科学精神的核心可以总结为两个词：追求真理、勇于创新。

（2）遵守学术界发展建构起来的法律规范及道德伦理。任何学术研究活动都应该遵守人类社会既有的道德伦理规范，不能为了开展研究不择手段，否则就会导致毁灭性的社会危机。

（3）查重率不能触碰红线。任何论文都涉及对学术前辈或同人作品的参考，在借鉴过程中一定要遵守引用规范。现在各高校毕业论文查重率通常规定为不高于30%。

综合学术界各种反面的典型案例，毕业论文写作中常见的触犯抽象学术规范的行为见表8.1。

表 8.1 触犯抽象学术规范行为的典型类型

序号	类型	违规行为	实例
1	学术造假	有明确证据表明论文中结果是不可靠的，或者是由于重大错误（如计算错误或实验错误），或者属于捏造（如数据）或伪造（如图像处理）	研究中一图多用、数据来源虚假
2	学术剽窃	有明确证据表明论文中大量的文字是抄袭其他论文	侵犯他人知识产权

续表

序号	类型	违规行为	实例
3	资料来源违规	未经权威部门授权使用涉密材料或数据	未经授权的基因工程或传染病学案例研究
4	研究不符合伦理道德规范	研究违反人类伦理、公序良俗	人兽基因融合研究
5	论文交易	通过网络和论文中介购买论文的研究设计或论文稿件	买卖毕业论文、毕业设计
6	其他	涉及存在其他严重的法律问题	诽谤或泄露他人隐私

这些严重的触犯抽象学术规范的行为，带有明显的主观故意。论文作者是明知后果严重，还一意孤行。它既扰乱了学术秩序，也损害了自身的学术信誉。对毕业生而言，最直接的后果就是不能顺利毕业，即使是那些侥幸毕业的人也会因为论文的问题被撤销学位。

（二）毕业论文的具体学术规范

毕业论文的具体学术规范是关于毕业论文写作的操作层面的规则体系。其内容主要包括四个方面。

（1）严格遵守论文写作的格式标准。首先，排版格式要规范，具体内容包括：论文封面的设置；标题、正文、注释及参考文献字体字号的规定；致谢及附录的排版；论文的段落排版、页眉页码等的设置。

（2）论文在形式上满足科研论文的写作规范。即结构要素要清晰完整，各级标题和层次结构要合理有序，参考文献和注释格式要符合规范。

严格来讲，一篇参考文献价值低的论文很难被称为好的论文。写作者在对毕业论文的参考文献进行甄选和使用时，常会犯以下错误：参考文献陈旧；参考文献类型单一；中文和外（英）文参考文献比例失衡；权威期刊和核心文献太少；为了引用凑数，文献关联度低。

此外，虽然注释不是每一篇论文的标配，但应加而未加，也会被视为不专业。注释的质量也会直接影响论文的质量。

（3）通常情况下，文献综述在发表的期刊文章中可以是隐性的，即通过研究现状的形式体现出来；而毕业论文的综述必须是显性的，要在第一章或绪论中专辟一节来展开文献梳理。

（4）认真推敲修改。对论文进行不断推敲修改，是论文写作的最后一步，也是重要一步。作者通过从宏观到微观、从整体到局部、从内容到形式的全面的审视、核查、推敲、修改，实现论文在语言表达、逻辑结构、格式排版等方面的全面优化升级，打造出一篇优秀的毕业论文。

毕业论文写作过程中违反学术规范的行为主要有以下类型（表8.2）。

表 8.2 违反学术规范行为的典型类型

序号	类型	违规行为	整改措施
1	数据及信息错误	图片、表格、公式的数据不对应	数据勘误
2	引文出错误	参考文献、注释标注不规范	按论文写作指南修改完善
3	研究现状错误	把研究现状写成研究对象的现状；只写国内或国外的研究现状	向研究现状的规范写作方向进行整改
4	文字表达错误	论文部分章节内容失实	更改、补充相关内容
5	排版错误	错别字、图片错误	认真阅读，修改完善

论文写作者的粗心大意，导致论文在写作的形式、细节上出现明显瑕疵和错误。这类错误最直接的后果就是影响论文的质量，但还是有补救的机会。

（三）期刊论文与毕业论文学术规范的关联与差异

毕业论文与期刊论文的学术规范既有联系，又略有区别。具体而言，两者都要遵循抽象层面的学术伦理和学术道德。但两者在排版、字体字号、摘要形式及位置、注释形式、参考文献及附录等方面都有显著不同。前者强调学位论文的特征，后者更强调研究的前沿性和创新性。

此外，还要注意一些小细节的差别。例如，理工科的毕业设计与人文社会科学专业的毕业论文在具体的学术规范上也存在一些不同。

在学术研究活动中，一些研究者就因为漠视学术规范而影响了自己的学术研究之路。因此，一定要阅读一些讲述学术规范的写作指南和专著，并严格遵守，从而为自己毕业论文的顺利完成保驾护航。

第三节　论文答辩

论文答辩是每一个毕业生在毕业论文这一系统工程中需要完成的最后一个环节。这一环节也是开启未来学术对话和交流的起点。

一、论文答辩的概念及特征

所谓毕业论文答辩是在高等学校或研究机构开展的一种有组织、有准备、有计划、有专家老师参与的比较正规的审查论文的重要形式。

论文答辩具有以下鲜明的特征。

（1）具有非常隆重的仪式感。它作为一项重要的学术活动，既是对毕业生的一次重要的学术洗礼，也代表其一个阶段学业生活的完成。

（2）毕业生在答辩活动中具有明显的被动性。答辩中的双方分别是答辩专家和毕业论文的作者。双方面对的不是平常环境中的平等学术交流。答辩委员会的专家始终处于主动的、审查的地位，而论文作者则处在被动的、汇报论文写作工作的地位。

（3）毕业生的答辩方式以汇报和回答问题为主，以辩论为辅。在一问一答的答辩过程中，偶尔会出现作者与答辩委员会成员的观点相左的情况，这时允许出现思想交锋，即允许有小小的辩论。但从总体上说，论文答辩是以学生回答问题、接受专家修改意见的形式为主，毕竟双方在知识、阅历、资历、经验等方面相差悬殊。

二、论文答辩的价值和意义

毕业论文答辩是毕业生在专家面前通过既定程序展示毕业论文的过程。它是学校对毕业论文质量管控的最后一个环节。一方面，作者可以在答辩过程中充分展示毕业论文的核心概念、基本理论、研究设计、论证逻辑、研究结论；另一方面，答辩专家也会针对性地提出对论文进一步修改完善的建议和意见。因而，毕业生在毕业论文答辩环节应该以积极的态度面对。

毕业生通过论文答辩会有以下收获。

（1）把书面语言转化为口头语言，自然熟练地展示论文的研究内容。

（2）参考一些优秀且具有学术风格的 PPT 模板，结合论文的专业特色制作有一定观赏性的论文 PPT。论文的内容有数万字，在答辩过程中最好把论文最核心的内容和信息，即研究背景、研究价值、研究主题、研究方法、研究设计、研究结论，系统整理成精练的 6～9 张幻灯片予以展示。

（3）通过与答辩老师交流发现论文的特色与不足。答辩是学生和专业老师互动交流的过程，通过互动，学生学习了如何有效进行学术交流，如何准确表达自己的学术观点，从而传播自己的学术知识。

（4）正确回应答辩专家的问题和建议。在答辩过程中，学生答辩的态度要谦逊客观、实事求是，切忌满嘴跑火车和胡编瞎侃。答辩专家对答辩的评分既取决于论文本身的质量，也受学生在答辩过程表现状态的影响。

三、毕业论文答辩的准备

毕业论文答辩是彰显毕业生综合研究能力的一个窗口。为了毕业论文答辩能顺利开展，校方、答辩委员会、答辩者三方都要在举行答辩会前作好充分的准备。

（1）校方的准备。审查学生参加毕业论文答辩的资格、组织答辩委员会或答辩小组、拟订毕业论文成绩的评定标准、布置答辩会会场。

（2）答辩委员会的准备。答辩委员会成员对收到的论文进行认真审阅，做好答辩提问环节主、次答辩老师职责的分工。

（3）答辩者的准备。为了做好答辩工作，答辩者应该做好以下相关准备工作。

重视个人形象，着装得体。穿着正式既表达了对学术答辩委员会的尊重，还能引起评委的关注。

认真准备答辩的PPT。答辩PPT不是论文摘要和结论的简单复制粘贴，要重点突出作者在论文研究中的工作。以下是本书结合答辩实践整理出来的一个人文社科类毕业论文答辩PPT操作模板，学生在答辩活动中可以参考或借鉴相关技巧。

毕业论文答辩模板

尊敬的答辩老师、同学们大家好！我是×级××专业的×××，我今天答辩的毕业论文题目是……本篇论文是在我的导师×××教授的指导下完成的。

我的毕业论文即将接受老师们的检验。在此答辩的神圣时刻，十分感谢导师长期以来的精心指导，感谢专业课老师们的答疑解惑、指点迷津，同时也感谢在座各位答辩老师抽出宝贵的时间，参与我的论文答辩。

下面我向答辩老师介绍本论文的研究内容。

（一）首先，论文的选题的背景和选题的意义。

背景：社会发展日新月异，现实中……的问题越来越突出，如若此问题不加以解决，那么将会产生……的后果，基于此，本文对……展开研究，力求发现现象背后的规律或原因。

意义：本文以……为研究对象，对存在的……问题进行研究，在理论上的意义是……，在实践中的意义是为解决……问题提供更加丰富的经验与路径。

（二）其次，介绍一下论文的论述结构。论文总共有四个部分。

第一部分是导论，重点介绍研究的核心概念和基础理论、研究方法。

第二部分是在……理论的基础上对……的……维度进行详细论述。论述过程中，重点运用……方法对……进行深入挖掘。

第三部分在第二部分的基础上进行……的典型案例分析。

第四部分在前面的基础上对论述的结果进行归纳总结，提出……对应的结论。

（三）接下来介绍一下本论文的创新点。

在方法上，本文将……方法与……方法相结合，能够有效消除单一方法带来的误差，有效提高了数据的精度（结果的有效性）。

在理论上，综合近十年的文献发现，目前还没有研究者提出……方面的内容，本文在理论的提出上是一种全新的尝试。

（四）本论文的研究难点。

（1）本文的难点在于数据来源方面，由于受到新冠疫情的影响，导致无法现场开展相关调查。

（2）本文的难点在于方法的选择方面，对于……方法未进行详细的验证。

（3）本文的难点在于模型的搭建……

（五）本论文研究的不足之处。

通过本次毕业论文的撰写，我的学术研究能力大大提升，但是明显存在很多的不足。

一是……（说出论文写作中自己最大的不足）

二是由于信息收集及数据分析上的局限，论文还存在相当程度的局限性。

三是由于时间安排不合理，在整个论文的实际写作过程中，学术语言使用还不是很精确，专业素养还有待进一步提高，所以还需阅读更多的专业书籍来充实自己。

（六）答辩结尾。

以上就是我毕业论文研究的基本情况。经过本次毕业论文写作，我学到了宝贵的论文写作知识和技巧。"台上一分钟，台下十年功"；看似一篇小论文，实际是个大工程。再次感谢各位评审老师的聆听，希望各位老师能够给予批评和指正，我的陈述完毕。

（4）注意答辩细节。重点包括论文陈述的语速、答辩时间、音量大小。论文答辩能直观地检验学生的口头表达能力和时间控制能力。一般毕业论文的答辩时间是 20～40 分钟。注意控制好时间后，就需要控制语速和音量大小。学生在答辩时语速要快慢适中，不能过快或过慢。过快会让答辩小组成员难以听清楚，过慢会让答辩教师感觉答辩人对这个问题不熟悉。同时音量不宜过小或过大，音量过小不自信，音量过大显突兀。

四、论文答辩环节的常规程序

对学生而言，论文答辩主要是站在讲台上展示论文 PPT 和回应老师问题与建议的过程。但在实际操作中，答辩环节包括介绍论文及专家提问、答辩组商议、专家最后打分的全过程。毕业论文答辩采取的形式有既定的规范要求。当答辩的准备工作做好以后，学生、答辩委员会就位，答辩主席就会宣布论文答辩正式开始。

通常情况下，论文答辩包括下面五个环节。

（1）开场白介绍。作者要保持平静的心态、自信的姿态，不要紧张。在进行开场白介绍时，客套话不要太多。

（2）论文核心内容的陈述。陈述时以 PPT 内容为线索，介绍论文的研究内容、研究方法和研究结论，这部分是答辩的重点，但学生不能照着 PPT 从头念到尾。建议通过 PPT 详细地讲清楚毕业论文的研究目的、研究设计、研究过程、创新点和研究结论。

（3）答辩专家对论文提出问题及修改建议。答辩者要认真记录答辩专家的提问及对论文修改的建议。

（4）回应答辩专家的问题及建议。一方面从容应对答辩专家提出的问题，另一方面虚心接受他们提出的修改建议。

（5）答辩完成后礼貌退场。

当所有论文的答辩陈述和回答问题环节结束以后，学生回避，答辩委员会合议每一位同学的论文成绩。答辩委员会在最后环节还会召回学生，由主答辩老师当面向学生就论文和答辩过程中的情况加以小结，肯定其优点和长处，指出其错误或不足之处，并加以必要的补充和指导，最后向学生宣布结果：通过或不通过。

论文答辩虽然是学生培养形式上的最后一个环节，但毕业论文的综合成绩，一般是指导老师评分、评阅老师评分和答辩成绩综合加权的结果。而且，毕业论文答辩完成以后，学生们还要根据答辩老师、评阅老师、指导老师的综合修改建议，进一步修改完善论文，最终形成论文的定稿。

论文的格式、语言表达、学术规范作为论文写作的形式要件，深刻影响着论文的品质。标准的论文格式、规范的语言表达、严谨的学术规范会让读者阅读论文时眼前一亮。毕业论文写作课现在已经成为各大高校日益重视的一门课程。要想完成一篇好的毕业论文，任何一个环节的工作都需要引起重视，并实施规范训练。

立足论文，面向未来，论文的写作训练本质上是培养毕业生的综合研究与写作能力。学生经过毕业论文写作过程中的各种磨炼和顺利答辩，最终获得学位证书。毕业论文完成的同时，也意味着学生完成了高校最基础的专业训练，从此可以步入新征程。

毕业论文的长远目标是训练及检验学生综合运用所学知识和技能、理论联系实际、独立分析、解决实际问题的能力，使学生掌握本专业的基本理论及知识体系。

毕业论文写作的综合价值在于帮助学生掌握写作要领、精耕学术领域、建构基础性的学术自我认同。要强调的是，本章内容涉及论文写作的众多柔性技巧。如果要想这些技能得到一定程度的提升，就要在平时的论文写作或学习中高度重视论文的语言表达、格式规范等技能的训练和强化。

本章要点

* 论文的格式主要指学术界关于论文文字及内容的一整套写作规范体系。通常，论文格式包括文字排版规范及内容规范。文字排版规范是指文字和标点符号的规范；内容规范是指关于摘要、关键词、目录、正文、参考文献、附录、致谢的规范。

* 论文语言表达是逻辑思考和研究设计的载体。任何形式的论文写作活动都是一个从头到尾的语言表达过程，即陈述与阐释的过程。

* 学术规范是指在学术共同体内形成的开展论文写作和科学研究活动的基本准则。

课后实践

* 阅读一篇毕业论文，分析其排版特征。

* 阅读一篇毕业论文，分析其语言表达的特点。

* 阅读一篇毕业论文，分析其在遵守学术规范方面的操作方法。

附录 1

贵州大学普通本科毕业论文（设计）管理办法

毕业论文（设计）是高等教育培养计划中的重要环节，是实现教学、科研与社会实践相结合的重要结合点。对于提高学生的综合能力和全面素质具有重要意义。为了规范毕业论文（设计）过程的管理，保证毕业论文（设计）质量，特制定本办法。

一、毕业论文（设计）工作的意义

毕业论文（设计）是培养学生综合运用本学科的基础理论、基础知识、专业知识和基本技能，完成规定的毕业论文（设计）任务，提高学生提出问题和分析与解决实际问题的能力、从事科学研究工作和独立工作能力的重要环节。按教学要求完成毕业论文（设计）是本科生获得学士学位的必要条件。搞好学生的毕业论文（设计）工作，对于保证和提高我校教育水平和教学质量具有重要的意义，各学院务必加强指导、精心组织和实施。

二、毕业论文（设计）工作的主要任务和基本教学要求

1. 主要任务。

学生在教师的指导下，独立完成所选定的专题研究或设计，并撰写出符合要求的毕业论文或毕业设计文件。

2. 基本教学要求。

（1）培养学生综合运用所学知识、独立分析和解决实际问题的能力，培养学生的创新意识和创新能力，使学生获得科学研究的基础训练。

（2）培养学生正确的设计思想、理论联系实际的工作作风和严肃认真的科学态度。对文科专业还应注重培养学生运用马克思主义的基本原理和正确的思想方法，分析和解决社会、经济、政治、文化等问题的能力。

（3）进一步训练和提高学生的分析设计能力、理论计算能力、实验研究能力、经济分析能力、外文阅读和使用计算机的能力，以及社会调查、查阅文献资料和文字表达等基本技能。

（4）在毕业论文、毕业设计工作中，要认真贯彻"三个结合"的原则：理论与实践相结合，教学与科研、生产相结合，教育与国民经济建设相结合。通过三个结合，实现毕业论文、毕业设计的教学、教育功能和社会功能。

（5）毕业论文（设计）要规范化。

三、学生申请参加毕业论文（设计）的资格审查

1. 申请参加毕业论文（设计）的学生，必须经过毕业论文（设计）资格审查，达到参加毕业论文（设计）资格的条件，经学院汇总并报教务处批准后，方能参加毕业论文（设计）。

2. 参加毕业论文（设计）的资格条件为：

（1）按培养方案修完教学计划规定的主要课程，已取得的学分数与各专业规定的毕业所需最低学分数之差不超过40学分；

（2）专业技术基础课和专业课的成绩与通过门次达到各专业毕业论文（设计）所需的基本要求，具体要求由各学院自行规定，各学院要将自行规定的条件报教务处备案。

3. 学生的毕业论文（设计）资格由各学院负责审查，各学院将取得毕业论文（设计）资格的学生名单报教务处审批。

4. 经教务处批准取得参加毕业论文（设计）资格的学生按教学计划要求和毕业论文（设计）的有关规定参加毕业论文（设计）。

四、毕业论文（设计）的选题

1. 选题时间及程序。

毕业论文（设计）的选题工作安排在第七学期（五年制本科为第九学期）的第12～16周进行。毕业论文（设计）的题目由指导教师提出，并填报《贵州大学毕业论文（设计）选题表》，学院组织评审确认，主管院长批准后，作为正式选题向学生公布。学生与指导教师实行双向选择。第17周各学院应将《贵州大学毕业论文（设计）选题汇总表》送教务处备案。

2. 选题要求。

（1）课题要符合本专业的培养目标及教学基本要求，具有综合性、开拓性，使学生在分析解决问题能力、创新能力等方面得到充分锻炼。

（2）尽可能与社会经济、文化、科技、生产实际和发展需要相结合，真题真做。鼓励优秀学生提前了解和参与有关课题的实际研究。

（3）同一题目多个学生选做，毕业论文（设计）应各有思路或有所侧重，独立完成的内容，其比例应不低于60%。

（4）所选课题应具有一定的深度、难度和先进性、新颖性，任务具体、体量适当、进度明确，经学生努力能够完成。

（5）除比较好的课题可作为保留课题外，一般课题不要超过两届。

（6）尽可能满足学生的兴趣特长和就业需要。

（7）学生自拟的毕业论文（设计）题目，必须有两名副高以上职称的教师推荐，经学院学术委员会批准并报教务处同意后，才能作为毕业论文（设计）题目。

五、毕业论文（设计）指导教师职责

毕业论文（设计）的指导教师应由学术水平较高、实践经验较丰富的教师担任，一般应具有中级以上技术职称，初级职称人员不能单独指导毕业论文（设计），但可协助指导教师工作。原则上，每名教师指导的学生数一般为8～12人。提倡建立以经验丰富的教师为组长的毕业论文（设计）指导小组对学生进行指导。首次独立担任毕业论文（设计）指导工作的教师，应认真学习本规定，对指导题目进行试做，学院应指定经验丰富的教师帮助他们做好指导工作。

指导教师的职责如下：

1. 提出毕业论文（设计）选题，说明题目来源、目的、要求、主要内容、进行方式、工作量大小、现有技术条件等，供学院审查和学生选择。题目确定后，及时拟好课题及设计任务书，做好收集资料和设计条件准备等工作。课题中的关键问题要预做设计或试验研究。

2. 指导学生做好开题报告，审定学生的总体方案和工作计划，定期检查学生的工作进度和工作质量，引导学生分析解决论文（设计）工作中遇到的各种疑难问题。指导教师对学生的指导采用集中指导与个别指导相结合的方式，但每周对每名学生的指导时间不得少于1学时。对多人承担的题目，既要让学生参与总体方案论证，又要有明确分工。

3. 督促学生按时完成文献综述、外文资料翻译，并做好评阅工作。

4. 指导学生撰写毕业论文（设计）。

5. 参加学生毕业论文（设计）答辩和评定成绩工作。

6. 在毕业论文（设计）期间，应坚守岗位，不得随意出差。确因工作需要出差时，必须经主管院长批准，出差时间超过5天时，须委派相当水平的教师代理指导。否则，按教学事故处理。

六、对学生的要求

1. 学生应在教师的指导下积极、主动且独立地完成毕业论文（设计）所确定的全部任务，努力创新，要有严谨和实事求是的科学态度。凡抄袭他人毕业论文（设计）或下载别人文章（含拼凑）者，视情节轻重按违纪或作弊处理，毕业论文（设计）成绩以零分计，必须重修。

2. 学生在接受论文或设计任务后，应仔细研读论文（设计）任务书及有关资料，并做好外文资料翻译、文献综述和毕业论文（设计）开题报告。学生在开题报告中应对所承担的论文（设计）应达到目标进行分析，提出解决方案及进度计划。

3. 尊敬教师，服从安排，自觉爱护教学仪器设备和公共设施，坚持节约，杜绝浪费。

4. 严格遵守纪律。毕业论文（设计）期间，因特殊原因必须请假者，三天以内由指导教师批准；三天以上报主管院长批准，无故缺勤按旷课处理。因任何原因累计耽误时间超过毕业论文（设计）总时间的三分之一及以上者，不能参加答辩，不评定成绩，必须重修。

七、毕业论文（设计）工作的组织与管理

毕业论文（设计）工作在主管校长的统一领导下，实行校、院两级分级分工管理的办法。

教务处为校级管理单位，其工作职责是：

1. 汇总各学院毕业论文（设计）课题和指导教师安排，检查执行情况，协调有关问题；

2. 组织有关专家对全校毕业论文（设计）过程及成果进行检查和抽查，随时掌握毕业论文（设计）的进展情况，并将检、抽查情况及时反馈至各学院，以保证毕业论文（设计）工作的正常进行；

3. 毕业论文（设计）结束后，进行"优秀毕业论文（设计）"评选。

学院的工作职责是：

1. 布置毕业论文（设计）工作任务；

2. 审查毕业论文（设计）题目和课题任务书，安排指导教师，进行毕业论文（设计）工作动员；

3. 定期检查毕业论文（设计）工作进展情况，协调处理毕业论文（设计）中的有关问题，考核指导教师的工作；

4. 抽查评审学生外文翻译和文献综述质量；

5. 对学生毕业论文（设计）进行形式审查，组织毕业论文（设计）答辩和成绩评定工作，复查成绩评定情况；对有争议的毕业论文（设计）成绩，组织院级答辩，最终确定成绩；

6. 向学校推荐参加"优秀毕业论文（设计）"评选的毕业论文（设计）；

7. 作好毕业论文（设计）工作总结。

八、毕业论文（设计）成绩的评定

毕业论文（设计）成绩由平时成绩、毕业论文（设计）交叉评阅成绩及答辩成绩三部分组成，其比例为40%、20%、40%，使用优秀、良好、中等、及格、不及格五级计分制。

评定学生毕业论文（设计）成绩时，必须严格掌握标准，实事求是，正确反映学生的工作态度、业务水平和能力素质。评定"优秀"成绩的学生人数一般不超过本专业毕业学生人数的20%，评定优秀和良好成绩的学生人数一般不超过本专业毕业学生人数的60%。有下列情况之一者，不评定毕业论文（设计）成绩：

未按要求独立完成毕业论文（设计）任务；

论文或设计说明书形式审查不合格；

累计耽误时间超过毕业论文（设计）总时间的1/3。

1. 平时成绩。

学生完成毕业论文（设计）并将毕业论文（设计说明书）、图纸及附件的正本（包括论文（设计）任务书）交指导教师，指导教师根据学生任务完成情况、论文（设计说明书）质量以及学生在毕业论文（设计）过程中的工作态度、出勤情况等评定平时成绩，并在图纸、论文（说明书）上签名确认。

2. 交叉评阅成绩。

学生毕业论文（设计说明书）经指导教师审阅后，在答辩前一周交学院毕业论文（设计）答辩委员会，由答辩委员会指定教师进行交叉评阅，必要时也可聘请校外相关专业人员为交叉评阅教师。评阅教师认真评阅后，写出评阅意见，并按规定给出成绩，同时签名确认。

3. 答辩成绩。

（1）答辩工作在主管院长领导下，由答辩委员会主持进行。

（2）按学院或专业组织答辩委员会，答辩委员会主要由专业课教师组成，可聘请部分基础课教师或专业基础课教师参加，答辩委员会委员名单由院长提名，院学术委员会审定。答辩委员会可下设若干答辩小组，答辩小组一般由 3~5 人（包括秘书 1 名）组成，组长应由具有副教授以及上职称的教师担任。各学院应在答辩前三周将答辩委员会委员名单报教务处备案。

（3）答辩委员会的责任是主持领导答辩工作，统一评分标准和要求，对有争议的成绩进行裁决，最终决定每个学生的成绩及评语。答辩小组的责任是主持有关课题的答辩工作，确定毕业论文（设计）的答辩成绩，并综合指导教师、交叉评阅教师、答辩小组成绩及评语，确定学生毕业论文（设计）成绩，签名确认后交答辩委员会审定。最终成绩经主管院长审核后，由学院统一向学生公布。

（4）各学院在答辩前两天将毕业论文（设计说明书）发还给学生作答辩准备。答辩可按事先编好的次序进行，每个学生的答辩时间一般控制在 40 分钟以内。答辩包括学生报告和答辩提问。

学生报告时间一般为 10~15 分钟，简要报告以下内容：

课题的目的、要求及其意义；

所采用的原始资料或参考文献；

论文（设计）的基本内容、主要依据和主要方法；

任务完成情况及成果；

讨论、体会和改进建议等。

答辩提问，侧重课题关键内容提问，内容可包括：

课题方面的问题；

有关本专业基本理论、基本知识和基本技能方面的问题；

鉴别学生独立工作、分析问题和解决问题的能力的问题；

启发学生进一步拓宽视野的问题。

4. 成绩评定的参考标准。

以上评分标准供作参考，各学院答辩委员会可结合本学院情况，拟定详细的评分内容和标准，但必须送教务处备案。

毕业论文（设计）成绩不合格者，符合结业条件的，作结业处理。半年后可申请随下届补作一次，并按学分缴纳毕业论文（设计）重修费。学生补做毕业论文（设计）由原所在学院安排，报教务处同意后进行，一般应在校内进行，食宿自理。

九、在校外完成毕业论文（设计）的规定

学校鼓励和支持学生在学院及毕业论文（设计）接收单位双方同意（接收单位应向学校发送接收函）的情况下在校外完成毕业论文（设计）。但必须遵守以下规定：

1.需在校外进行毕业论文（设计）的学生，必须事先向所在学院申请，所在学院与接收单位联系妥当，将接收单位接收函与安排意见报教务处审批。学校教务处须对接收单位的条件进行严格审查，确认符合要求后方可

批准。

2. 学院必须为在校外进行毕业论文（设计）的学生指定一名教师，负责学生的毕业论文（设计）的检查及指导工作。

3. 接收单位提供的毕业论文（设计）选题应符合本管理办法第四部分第2款第（4）条要求，经学院审定后，方可作为学生正式的毕业论文（设计）题目。

4. 学生在进行毕业论文（设计）期间，必须定期向指导教师报告工作进度。

5. 学生完成毕业论文（设计）后，必须将完整的毕业论文（设计）成果带回学校，参加形式审查以及毕业论文（设计）答辩。

十、毕业论文（设计）的档案管理

1. 学生毕业论文（设计）答辩后，其全部资料（含任务书、开题报告、设计说明书或论文、软盘、图纸、译文、文献综述、指导教师和交叉评阅教师及答辩委员会或答辩小组评语、答辩记录以及其他支撑材料）装入"贵州大学毕业论文（设计）专用袋"，校级优秀毕业论文（设计）学校教务处统一归档，保存期为10年；其他毕业论文（设计）由学院统一归档（属生产中直接需要的图纸、材料，经批准，可将复印件归档），保存期为5年。对涉及经济和技术机密的论文（设计），应在资料袋左上角注明"机密"字样，由学院资料管理人员负责保密，未经指导教师同意，不得借阅。教师查阅毕业论文（设计），须办理借阅手续。

2. 各学院选择每专业有代表性的优秀毕业论文（设计）2～3篇送学校档案馆存档。学院在毕业论文（设计）工作结束后应做工作总结，并写出书面总结材料送教务处汇总，作为对学院教学工作年度考核的依据之一。

本管理办法自 2006 年开始试行，各学院可根据专业特点制定相应的实施细则并报送教务处备案，但须符合本办法的有关条款之规定。

十一、专科与成人教育的毕业论文（设计）管理

专科与成人教育的毕业论文（设计）参照本规定执行。

贵州大学
2006 年 3 月 15 日

附录 2

贵州大学本科毕业论文（设计）规范化要求

一、规范化要求内容。

（一）书写格式要求：毕业论文（设计）用计算机打印，符合以下要求、顺序。

1. 论文类。

（1）封面（封面上有毕业论文题目）。

论文题目应该简短、明确、有概括性。读者通过题目，能大致了解论文的内容、专业的特点和学科的范畴。但字数要适当，一般不宜超过 20 字。必要时可加副标题。

（2）目录。

目录按章、节、条三级标题编写，要求标题层次清晰。目录中的标题要与正文中标题一致。目录中应包括前言、论文主体、结论、致谢、参考文献、附录等。

（3）摘要与关键词。

①论文摘要。

论文（设计）摘要应概括地反映出毕业论文（设计）的目的、内容、方法、成果和结论。摘要中不宜使用公式、图表，不标注引用文献编号。摘要以 300～500 字为宜（外文摘要与中文摘要相对应）。

②关键词。

关键词是供检索用的主题词条，应采用能覆盖论文主要内容的通用技术词条（参照相应的技术术语标准）。关键词一般为 3～5 个，按词条的外延层次排列（外延大的排在前面）。

（4）论文正文。

论文正文是毕业论文（设计）的主体和核心部分，一般应包括绪论、论文（设计）主体及结论等部分。

①绪论。

绪论一般作为第一章，是毕业论文主体的开端。绪论应包括：毕业论文的背景及目的；国内外研究状况和相关领域中已有的研究成果；课题的研究方法；论文的构成及研究内容等。

②论文主体。

论文主体是毕业论文的主要部分，应该结构合理，层次清楚，重点突出，文字简练、通顺。论文主体的内容应包括以下各方面：

A. 毕业论文总体方案设计与选择的论证。

B. 毕业论文各部分（包括硬件与软件）的设计计算。

C. 试验方案设计的可行性、有效性以及试验数据的处理及分析。

D. 对本研究内容及成果应进行较全面、客观的理论阐述，应着重指出本研究内容中的创新、改进与实际应用之处。理论分析中，应将他人研究成果单独书写，并注明出处，不得将其与本人提出的理论分析混淆在一起。对于将其他领域的理论、结果引用到本研究领域者，应说明该理论的出处，并论述引用的可行性与有效性。

E. 自然科学的论文应推理正确，结论清晰，无科学性错误。

F. 管理和人文学科的论文应包括对研究问题的论述及系统分析、比较研究、模型或方案设计、案例论证或实证分析、模型运行的结果分析或建议、改进措施等。

③结论。

毕业论文的结论单独作为一章（或节）排写，但可不加章号。

结论是毕业论文的总结，是整篇论文的归宿。要求精练、准确地阐述自己的创造性工作或新的见解及其意义和作用，还可进一步提出需要讨论的问题和建议。

（5）致谢。

致谢中主要感谢导师和对论文工作有直接贡献及帮助的人士和单位。

（6）参考文献。

按论文正文中出现的顺序列出直接引用的主要参考文献。

毕业论文的撰写应本着严谨求实的科学态度，凡有引用他人成果之处，均应按论文中所出现的先后次序列于参考文献中。并且只应列出正文中以标注形式引用或参考的有关著作和论文。一篇论著在论文中多处引用时，在参考文献中只应出现一次，序号以第一次出现的位置为准。

（7）附录。

对于一些不宜放入正文中但作为毕业论文又是不可缺少的部分，或有重要参考价值的内容，可编入毕业论文的附录中。例如，过长的公式推导、重复性的数据、图表、程序全文及其说明等。

2. 设计（含设计加论文）类。

（1）封面（封面上有毕业设计题目）。

（2）毕业论文（设计）任务书。

（3）内容提要（中文提要在300字以内，外文以250个实词为宜，外文在前，中文在后）。

（4）关键词（中英文）。

（5）目录。

（6）引言。

（7）正文：

①选题背景；

②方案论证；

③过程（设计或实验）论述；

④结果分析；

⑤结论或总结。

（8）致谢。

（9）参考文献与附录。

注：以上各点要求与论文类相同。

（二）文字要求：文字通顺，书写工整，无错别字，不得由他人代写，如果用计算机打印说明书或论文，纸张大小一律采用学校统一印发的毕业论文（设计）专用纸，正文字体使用五号字，宋体，小标题使用四号及小四字体，宋体。

（三）图纸要求：能用手工和计算机绘图，图面整洁，布局合理，线条粗细均匀，圆弧连接光滑，尺寸标注规范，文字注释必须使用工程字书写。计算机绘图的图纸不得超过2张。

（四）曲线图表要求：所有曲线、图表、线路图、流程图、程序框图、示意图等必须按国家规定标准或工程要求绘制。

（五）毕业论文（设计）篇幅要求：工学类毕业论文（设计）字数不少于1.5万字；农学类毕业论文（设计）字数不少于1.0万字；理学类毕业论文（设计）字数不少于0.8万字；经济管理类毕业论文（设计）字数不少于0.6万字；语言文学类毕业论文（设计）字数不少于0.5万字；艺术类毕业论文（设计）字数不少于0.4万字。设计类专业题目应附设计图纸、计算机程序、设计说明书等；研究类专题应附实验报告、数据处理及相关模型、计算机程序或调研报告、读书笔记等支撑材料。阅读中外文献资料，理工类不得少于10篇，其他专业不少于15篇，文字综述不少于0.3万字。

二、学院成立毕业论文（设计）形式审查小组（可委托学院毕业设计督导组进行），根据规范化要求组织学院的毕业论文（设计）的形式审查工作。

三、毕业论文（设计）的形式审查应在毕业答辩前一周完成，形式审查合格者才能参加答辩。凡形式审查不合格者，应令其返工或补充。过时仍不能达到要求者，不评定毕业论文（设计）成绩。

四、校外进行毕业论文（设计）的学生，其论文形式审查和答辩一律回校进行。

（引自贵州大学机械工程学院网站　发布时间：2018-01-04）